reinhardt

erleben & lernen

Band 22

Herausgegeben von
Prof. em. Dr. Michael Jagenlauf, Helmut-Schmidt-Universität, Hamburg
Prof. Dr. Werner Michl, Georg-Simon-Ohm-Fachhochschule, Nürnberg
Dipl. Soz.päd. Holger Seidel, M.S.M., Ostfalia Hochschule für angewandte Wissenschaften, Braunschweig/Wolfenbüttel

Marcus Weber

Der kleine Teamplayer

33 erlebnispädagogische Aktionen für die Kita

Mit 13 Abbildungen

Ernst Reinhardt Verlag München

Marcus Weber, Neuss, Dip.-Sozialpädagoge mit dem Schwerpunkt Freizeitpädagogik, ist pädagogischer Leiter im offenen Ganztag an Grundschulen in Nordrhein-Westfalen und leitet freiberuflich Fortbildungen, Schulungen und Kurse.

Im Ernst Reinhardt Verlag ebenfalls erschienen:
Weber, M.: Erlebnispädagogik in der Grundschule. 89 Aktionen und Spiele (2. Aufl. 2019, ISBN 978-3-497-02863-4)

Bibliografische Information der Deutschen Nationalbibliothek

Die Deutsche Nationalbibliothek verzeichnet diese Publikation in der Deutschen Nationalbibliografie; detaillierte bibliografische Daten sind im Internet über <http://dnb.d-nb.de> abrufbar.
ISBN 978-3-497-03024-8 (Print)
ISBN 978-3-497-61431-8 (PDF-E-Book)
ISBN 978-3-497-61432-5 (E-Pub)

Printed in EU
Cover unter Verwendung eines Fotos von Marcus Weber
Fotos im Innenteil: Marcus Weber
Satz: FELSBERG Satz & Layout, Göttingen

Ernst Reinhardt Verlag, Kemnatenstr. 46, D-80639 München
Net: www.reinhardt-verlag.de E-Mail: info@reinhardt-verlag.de

Inhalt

Einleitung

Um in unserer heutigen Gesellschaft „überleben“ zu können, ist ein hohes Maß an sozialen Kompetenzen gefragt. In nahezu allen Lebenslagen liegt der Stellenwert sozialer Kompetenzen hoch und dient als Grundlage für eine aktive Teilnahme am gesellschaftlichen Leben. Ob im Berufsalltag, bei Freizeitaktivitäten, wie z. B. im Sportverein und ehrenamtlichen Engagement, oder im Bereich Schule: Ohne gewisse Kompetenzen im sozialen Miteinander ist eine Teilnahme am gesellschaftlichen Leben nicht möglich.

Dabei nimmt die Team- und Kooperationsfähigkeit einen hohen Stellenwert unter den sozialen Kompetenzen ein. Teamtrainings mit dem Schwerpunkt auf Kommunikation und Zusammenarbeit im Team haben längst Einzug in die Führungsetagen von Wirtschaftsunternehmen gehalten. Kleinere Unternehmen buchen erlebnispädagogische Angebote, um den Zusammenhalt der Belegschaft zu festigen. Schülerinnen und Schüler fahren längst nicht mehr einfach „nur“ in Jugendherbergen. Stattdessen kooperieren Jugendherbergen heutzutage oft mit Anbietern, die Klassenfahrten begleiten und mit Programmen zur Stärkung der Klassengemeinschaft ausgestalten. Eines haben diese Programme gemeinsam, sie nutzen Erlebnisse als Grundlage für einen Perspektivwechsel sowie für Lernerfolge bezüglich der Kooperation innerhalb der sozialen Gruppe.

Doch warum ist die Teilnahme an solchen Programmen überhaupt notwendig? Steht es um die Team- und Kooperationsfähigkeit in unserer Gesellschaft etwa so schlecht, dass die Teilnahme an fördernden Angeboten unumgänglich ist? Sollten wir nicht von Natur aus über ein gesundes Maß an Kooperationsfähigkeit und Gruppenkompatibilität verfügen?

Über mögliche Gründe und Ursachen, warum es in dem Bereich der Team- und Kooperationsfähigkeit Nachholbedarf gibt, soll an dieser Stelle nicht spekuliert werden. Vielmehr stellt sich die Frage, an welchem Punkt in unserem Leben wir dieser Entwicklung etwas entegen stellen wollen. Spontan lautet die Antwort: Je früher, desto besser. Wenn in dem Lebensabschnitt des Schulbesuches offensichtlich bereits Verbesserungsbedarfe zu erkennen sind, so ist es nur konsequent, bereits vor Schuleintritt an diesen sozialen Kompetenzen zu arbeiten. Aufgrund dieses Gedankens entstand das vorliegende Fachbuch.

Erzieherinnen und Erzieher arbeiten tagtäglich in Kindertagesstätten (Kitas) mit Kindergruppen und leben ihnen aktiv vor, was es heißt, Teil einer Gemeinschaft zu sein. Je nach Gruppenkonstellation stellt dies die eine oder andere Fachkraft vor große Herausforderungen. Dieses Fachbuch soll Fachkräfte in Kindertagesstätten dabei unterstützen, die ihnen anvertrauten Kinder mit Hilfe von spielerischen Übungen an ein positives Team- und Kooperationsverhalten heranzuführen. Die vorgestellten Übungen lassen sich sehr gut in die Ausgestaltung der Vorschularbeit im letzten Kindergartenjahr integrieren. Mehrere Praxistests haben gezeigt, dass ein regelmäßiger wöchentlicher Einsatz dieser Übungen dazu beiträgt, dass die Kinder bei der Bewältigung von Gruppenaufgaben von Mal zu Mal gezielter vorgehen und den Vorteil von Zusammenhalt und Kooperation immer mehr verinnerlichen. Der Vorteil für die Fachkräfte hierbei ist, dass die Kinder stets das Gefühl haben, zu spielen und keinen Erwartungsdruck verspüren, eine gewisse Leistung abliefern zu müssen. Und wenn es darum geht zu spielen, muss bei den Kindern in der Regel nicht lange gebettelt werden. Nutzen Sie diesen Vorteil und helfen Sie den Ihnen anvertrauten Kindern, ein positives Team- und Kooperationsverhalten zu entwickeln. Ich bin sicher, es wird Ihnen gelingen.

Neuss, August 2020
Marcus Weber

Hinweis: Um alle Geschlechter in diesem Buch bei der Berufsbezeichnung der Erzieherin bzw. des Erziehers anzusprechen, werden die weibliche und die männliche Bezeichnung im Wechsel verwendet.

1 Team- und Kooperationsfähigkeit in der Kita fördern

1.1 Team- und Kooperationsfähigkeit in der Kita – Muss das sein?

Die ein oder andere in einer Kindertagesstätte arbeitende Fachkraft mag sich nun fragen, ob es wirklich notwendig ist, in die Vorbereitung der Vorschulkinder auf die Grundschulzeit auch das Thema der Team- und Kooperationsförderung einzubeziehen. Die Zeit, um die anvertrauten Kinder qualitativ gut auf die Schulzeit vorzubereiten, ist in der Regel knapp bemessen und mit Inhalten mehr als ausreichend gefüllt. Außerdem wurde, wenn die Kinder im Alter von ca. fünf bis sechs Jahren auf die Schule vorbereitet werden, deren soziale Kompetenz meist schon zwei bis drei Jahre gefördert. Zugegebenermaßen erfolgt dies je nach Kind mit mehr oder weniger großem Erfolg, aber manche Fachkraft ist dann doch „am Ende mit ihrem Latein“.

Doch ärgern wir uns nicht tagtäglich über eine Vielzahl von Kindern, wenn es um deren Umgang im Miteinander geht? Stellen wir nicht immer wieder aufs Neue fest, dass viele Kinder einen stark ausgeprägten Egoismus im Spiel- und Sozialverhalten zeigen und die Geduldsund Frustrationsgrenze mancher Kinder sehr niedrig angesetzt ist?

Genau die hier angesprochenen Aspekte des Spiel- und Sozialverhaltens nehmen mit Eintritt in die Grundschule einen großen Stellenwert im Alltag der Kinder ein. Von den Schulanfängern wird erwartet, dass sie über angemessene Strategien im Spiel- und Sozialverhalten verfügen und diese im Alltag anwenden können. Weisen die Kinder Defizite in ihren Sozialkompetenzen auf, erschwert dies das Zusammenwachsen der Kinder zu einer guten Klassengemeinschaft und bringt die Lehrer in die Situation, ein überdurchschnittliches Maß an Zeit in diese Kompetenzen zu investieren und den Lehrplan dafür hintanzustellen. Der eng gestrickte Lehrplan der Schulen bietet leider immer weniger Raum und Zeit, um Defizite in diesen Bereichen aufzufangen und zu Inhalten von Unterrichtszeiten zu machen. Nicht umsonst wird die Schulsozialarbeit mittlerweile auch an Grundschulen in immer mehr Kommunen ausgebaut und dort mit den Kindern an ihren Sozialkompetenzen gearbeitet.

Dieses Fachbuch bietet natürlich kein Patentrezept für ein angemessenes Spiel- und Sozialverhalten an. Wie bei Erwachsenen gibt es auch bei

Kindern jene, die die hier vorgestellten Spielmethoden mit Begeisterung annehmen, und solche, die sich am liebsten nach fünf Minuten wieder zurück in die Bauecke verkriechen möchten. Die Erfahrung hat jedoch gezeigt, dass letzteres Verhalten von den Kindern eher selten im Zusammenhang mit den hier vorgestellten Übungen gezeigt wird.

Denn aus der Sicht der Kinder wird mit diesen Übungen erst einmal gespielt. Wieviel die Kinder hieraus lernen und für ihre soziale Entwicklung mitnehmen können, hängt davon ab, wie gut Fachkräfte die Ereignisse des Gruppenspiels zusammen mit den Kindern reflektieren und den Bezug zu ihrer Lebenswelt herstellen können. Wenn dies gelingt, werden bereits nach kurzer Zeit erste Erfolge in den Verhaltensweisen der Kinder während der Spielphasen erkennbar, die sich mit der Zeit auf weitere Alltagssituationen der Kinder übertragen und festigen.

1.2 Wie nehmen Vorschulkinder sich selbst und ihre Umwelt wahr?

Jeder kennt diese oder eine ähnliche Situation: Am Wochenende unternimmt man mit der Familie einen Spaziergang, begegnet auf einem engen Waldweg anderen Spaziergängern und wer macht Platz, damit beide Parteien vernünftig aneinander vorbei kommen? Richtig: Man selbst, aber nie die Fremden, die einem entgegen kommen. Derartige Situationen erleben wir in engen Supermarktgängen, auf dem Bürgersteig oder im Straßenverkehr, wenn wild parkende Autos das Aneinander-Vorbei-Fahren zweier PKWs unmöglich machen. In unserer Gesellschaft scheint sich immer mehr die Devise breit zu machen: „Ich zuerst, der Rest interessiert mich nicht!"

Dieser Eindruck kann auch in der pädagogischen Arbeit mit Kindern entstehen. Kleine „Ich-Menschen", die sich als Mittelpunkt des Universums sehen, scheinen immer mehr zu werden und stellen die pädagogischen Fachkräfte vor immer größere Herausforderungen. Doch ist dies wirklich so? Oder liegt die Ursache für diesen Eindruck nicht bei den Kindern sondern irgendwo anders? Wie nehmen Kinder im Vorschulalter sich und ihre Umwelt wahr und über welches Maß an Selbstwahrnehmungskompetenz sollten sie bereits verfügen können?

Zunächst sollten pädagogische Fachkräfte sich darüber im Klaren sein, dass es vollkommen normal ist, dass ein fünfjähriges Kind zunächst einmal an sich denkt und dann, im Idealfall, an sein soziales Umfeld. Auch wenn Kinder in diesem Alter in der Lage sind, ihre Gefühle durch Worte, Mimik und Gestik mitzuteilen, so ist die emotionale Entwicklung noch nicht abgeschlossen (Frech 2008). Daher ist es wichtig, dass die erwachsenen Vorbilder den Kindern mit Geduld und Behutsamkeit begegnen und sie weiterhin in ihrer sozialen Entwicklung unterstützen.

Die Fähigkeit, eigene Emotionen zum Ausdruck zu bringen, festigt sich in dieser Altersstufe enorm. Eine differenzierte Wahrnehmung und Beschreibung der eigenen Emotionen trägt dazu bei, sich selbst und andere besser zu verstehen und sich mit Gefühlen besser auseinander setzten zu können.

Auch das Verständnis für die Emotionen ihres sozialen Umfeldes bildet sich immer mehr aus. Ein fünfjähriges Kind versucht, Ursachen und Konsequenzen persönlicher und fremder Emotionen einschätzen und beeinflussen zu können. Auch das Erinnern an vergangene Emotionen nimmt nun Einfluss auf die Sicht der Dinge und der sozialen Umwelt. Ein besonders wichtiger Faktor ist in diesem Zusammenhang die Entwicklung von Empathiefähigkeit. Die Kinder lernen aufgrund der Erinnerung an eigene Erfahrungen, sich in ihr soziales Umfeld hineinversetzen zu können, erlebtes Verhalten zu verstehen und dadurch ihr eigenes Verhalten der Situation anzupassen.

Die eigenen Emotionen regulieren zu können, lernen Kinder ebenfalls im Vorschulalter. So entwickeln sie zum Beispiel Strategien, wie sie sich in Situationen selbst beruhigen oder Mut zusprechen können.

Bei Kindern im Vorschulalter ist es jedoch wie bei jedem Individuum: Der Eine entwickelt Fähigkeiten schneller als der Andere. Dies darf in der Praxis nicht vergessen werden. Jedes Kind muss an dem Entwicklungsstand abgeholt werden, an dem es sich in seiner momentanen Entwicklung befindet. Gleichzeitig ist es dann die Aufgabe von Fachkräften, jedes Kind entsprechend zu fördern, um die persönliche Entwicklung der vorab geschilderten Entwicklungsaspekte positiv zu beeinflussen.

1.3 Sozialkompetenz im Vorschulalter

Unter dem Begriff der Sozialkompetenz versteht man die Fähigkeit, mit anderen Menschen zusammenarbeiten zu können (Bazenova 2020). Sie ist ein „Komplex von Fähigkeiten, die dazu dienen, dem Individuum die Möglichkeit zu geben, in Kommunikations- und Interaktionssituationen, entsprechend den Bedürfnissen der Beteiligten“ handeln zu können (Runde 2017, 1578). Ein guter Teamplayer sollte diese grundlegenden sozialen Kompetenzen anwenden können. Doch wie steht es um die Entwicklung bzw. Ausprägung dieser sozialen Kompetenzen bei Kindern im Vorschulalter? Höhl und Weigelt beschreiben das soziale Denken und Handeln bei Vorschulkindern wie folgt:

> „Im Vorschulalter stehen Kinder vor wichtigen Entwicklungsaufgaben in Bezug auf ihre sozialen Beziehungen und Interaktioenen. Sie lernen unter anderem, sich gedanklich in andere Menschen hineinzuversetzen, auch wenn diese eine Überzeugung haben, die nicht mit der Realität übereinstimmt. Sie entwickeln einen Sinn für Fairness und beginnen soziale Regeln und Normen nicht nur einzuhalten, sondern auch bei anderen durchzusetzen" (Höhl/Weigelt 2015, 95).

In der praktischen Arbeit mit Vorschulkindern zeigt sich, dass die Fähigkeit, sich in Gleichaltrige hineinversetzen zu können, bei der Mehrzahl der Kinder bereits gut ausgeprägt ist. Überlegt die Gruppe nach der Spielerklärung gemeinsam, wie sie die ihnen gestellte Aufgabe lösen wollen, so werden Vorschläge hinterfragt und mit den eigenen Gedanken und Strategien abgeglichen. Kommt es zu Rückschlägen während einer Übung, vermischt sich nicht selten Empathie mit Verständnis. Zeigt ein Gruppenmitglied Emotionen wie zum Beispiel Traurigkeit oder Wut, reagiert sein Gegenüber nicht selten mit Worten wie: „Du musst nicht traurig sein, es ist doch nur ein Spiel." Hierbei zeigt sich deutlich, dass ein Vorschulkind nachvollziehen kann, weshalb das Gruppenmitglied traurig ist, es selbst aber eine Einschätzung der Angemessenheit dieser Emotion trifft und auch dazu bereit ist, diese weiterzuvermitteln.

Im Bereich der Fairness lässt sich erkennen, dass das Einhalten der Regeln für nahezu alle Kinder im Vorschulalter oberste Priorität hat. Wenn es zu der Situation kommt, dass eine Regel nicht mehr präsent ist oder ein anderes Kind gegen eine vorgegebene Regel verstößt, fragt das betroffene Kind häufig bei der Spielleitung nach, wendet die Regel dann wieder an oder fordert das andere Gruppenmitglied dazu auf, die Regel unverzüglich wieder einzuhalten. Bei einigen Kindern im Vorschulalter mindert ein nicht konsequentes Einhalten der Spielregeln nach Abschluss des Spiels sogar die Freude über das Erreichen des Ziels. „Eigentlich haben wir ja geschummelt", ist dann die Aussage, die von diesen Kindern getroffen wird. Es ist ihnen wichtig, dass Vorgaben von allen eingehalten werden und sie sind bereits in der Lage, zu erkennen, dass das Fehlverhalten eines einzelnen Gruppenmitglieds unabhängig vom Spielausgang Konsequenzen für die gesamte Gruppe haben kann.

1.4 Vorschulkinder auf den Lebensabschnitt Schule vorbereiten

Man kann guten Gewissens behaupten, dass sich die allermeisten Vorschulkinder auf den Wechsel in die Grundschule freuen. Endlich lesen, schreiben und rechnen lernen und morgens nicht mehr dahin gehen, wo die kleinen „Babys“ sind, sondern dorthin, wo der große Freund auch ist. Damit der Wechsel auch gut gelingt, kooperieren Kindertagesstätten mit Grundschulen in ihrer unmittelbaren Umgebung. Es finden Tage der offenen Tür oder Sommerfeste statt, an denen die potentielle Schule besichtigt werden kann. Aber auch Schnuppertage werden von Seiten der Grundschulen angeboten, an denen Vorschulkinder ihre neue Schule besuchen, das Schulgelände kennenlernen und so etwas wie eine erste Unterrichtsstunde erleben. All das wird für einen möglichst reibungslosen Übergang von der Kindertagesstätte in die Grundschule unternommen. Doch Schulzeit ist mehr als nur lesen, schreiben und rechnen lernen. Schule heißt auch Teil einer (Klassen-)Gemeinschaft zu sein, sich auf fest definierte Zeitstrukturen einlassen zu können und Unterrichtsinhalten konzentriert sowie Aufgabenstellungen fokussiert folgen zu können. In den nachfolgenden Abschnitten wird auf diese Aspekte, Teil einer Gemeinschaft zu sein und sich auf Unterrichtsinhalte und Aufgabenstellungen einlassen zu können, intensiver eingegangen.

Teil einer Gruppe werden

> „Eine Gruppe besteht aus einer bestimmten Anzahl von Mitgliedern (Gruppenmitgliedern), die zur Erreichung eines gemeinsamen Ziels (Gruppenziel) über längere Zeit in einem relativ kontinuierlichen Kommunikations- und Interaktionsprozess stehen und ein Gefühl der Zusammengehörigkeit (Wir-Gefühl) entwickeln“ (Schäfers/Lehmann 2006, 99).

Diese Definition einer sozialen Gruppe trifft exakt die Erwartung, mit der Kinder nach dem Wechsel von der Kita in die Grundschule konfrontiert werden. Doch diese Erwartung zu erfüllen, stellt für viele Kinder eine große Herausforderung dar.

Nicht jedes Kind kann sich mit Beginn des ersten Schultages auf seine neue Gruppe einlassen. Für einzelne Kinder kann sich dieser Prozess über Monate, im Extremfall sogar über Schuljahre hinziehen. Mögliche Ursachen hierfür können unterschiedlichen Ursprungs sein. Für Kinder kann die Suche nach dem persönlichen Platz in ihrer neuen Gruppe erschwert werden, wenn sie einen sehr schüchternen Charakter aufweisen, sich aber in einer ansonsten sehr charakterstarken und temperamentvollen Klassengemeinschaft wiederfinden. Im Gegenzug kann auch das Aufeinandertreffen mehrerer „Alphatiere“ innerhalb einer Klassengemeinschaft zu Schwierigkeiten führen, wenn die Kinder nicht über ausreichend soziale Verhaltensstrategien verfügen. Im Kapitel 1.5 wird dargestellt, über welche Verhaltensstrategien Kinder verfügen bzw. welche von den Kindern erlernt werden müssen, damit aus einer Gruppe von Kindern eine (Klassen-)Gemeinschaft entstehen kann.

Die Fähigkeit zu fokussieren

Mit Eintritt in die Grundschule wird von den Kindern erwartet, dass sie sich möglichst schnell, idealerweise prompt, konzentriert und fokussiert, auf das Lernen der Unterrichtinhalte einlassen können. Ab sofort sind kognitive Leistungen wie Kopfrechnen gefragt und Erinnerungsleistungen, wie das Befolgen von Aufforderungen der Lehrkräfte, müssen erbracht werden (Stuber-Bartmann 2018). Strategisches Denken, beispielsweise in Form von Abwägen gewisser Vor- und Nachteile bei einzelnen Arbeitsschritten, ist eine weitere Leistung, die von den Kindern zumindest in Ansätzen erwartet wird. Dasselbe gilt auch für das Verknüpfen des Arbeitsgedächtnisses mit dem Langzeitgedächtnis, um bereits erlerntes Wissen wieder abrufen und mit neuen Lerninhalten verknüpfen zu können. Doch genau hier zeigt uns der Schulalltag verstärkt auf, dass Kinder bei der Erfüllung dieser an sie gerichteten Erwartungen an ihre Grenzen stoßen. Sich auf eine Sache konzentrieren zu können sowie eigene Ideen und Vorstellungen in Erinnerung zu behalten und anschließend umsetzen zu können, ist nicht jedes Kind zu leisten im Stande (Stuber-Bartmann 2018).

Diese Problematik hat auch Auswirkungen auf die Entwicklung einer guten und stabilen Klassengemeinschaft. Kinder messen und vergleichen untereinander ihre schulischen Leistungen. Konkurrenzdenken ist längst keine Ausnahme mehr in den Klassenzimmern der Grundschulen. Es kommt vor, dass SchülerInnen, die die vorab beschriebenen Fähigkeiten nicht in Gänze einsetzen können, zum Gespött ihrer Mitschüler und somit als schwaches Mitglied ihrer sozialen Gruppe abgestempelt werden. Kommt dann noch hinzu, dass kognitiv starke Kinder über schwach ausgeprägte soziale Kompetenzen verfügen, kann das Erreichen von Lernzielen für einzelne Schüler zu einem enormen Kraftakt werden.

1.5 Teamwork-Fähigkeiten entwickeln

Kinder können bereits im Vorschulalter viele Kompetenzen erwerben und Lernerfahrungen machen, wenn sie sich als Teil einer Gruppe bzw. eines Teams erleben. Auch und gerade in diesem Alter sind es wesentliche Erfahrungen, Unterstützung anzubieten und Unterstüzung anzunehmen bzw. annehmen zu müssen. Kann ein Kind im Vorschulalter bereits erkennen, welche Vorteile es mit sich bringt, Teil einer Gruppe zu sein? Mit dieser Frage befassen sich die folgenden Abschnitte.

Was bedeutet es, Unterstützung anzubieten?

Diese Situation kennen wir alle: Wenn wir einem anderen Menschen einen Gefallen tun, egal ob wir diesen kennen oder es sich um eine wildfremde Person handelt, macht sich ein gutes Gefühl in uns breit. Wir fühlen uns gut und gehen mit einem positiven Gefühl aus der Situation wieder hinaus. Und wir werden mit großer Wahrscheinlichkeit auch bei nächster Gelegenheit wieder Hilfe und Unterstützung anbieten, denn es tut uns einfach gut, wenn wir unsere Stärken positiv einsetzen können und uns dafür evtl. sogar Dankbarkeit entgegen gebracht wird.

Kindern geht es in solchen Momenten ganz genauso. Das Gefühl, etwas Gutes getan zu haben, löst bei ihnen ebenfalls positive Emotionen aus, die sie gerne mit ihrem Umfeld teilen. „Mama, heute habe ich Anton geholfen, seine Schuhe zuzubinden!“ Wir wissen, wie eine Mutter in der Regel nun reagieren wird: „Prima, mein Schatz! Das hast du gut gemacht!“ Diese Reaktion ist für das Kind enorm wichtig. Sie verstärkt das gute Gefühl, das in dem Kind aufgrund seiner geleisteten Unterstützung bereits vorhanden ist, und erhöht die Wahrscheinlichkeit, dass das Kind in einer ähnlichen Situation wieder seine Hilfe anbieten wird. Kinder, die auf geleistete Unterstützung eine positive Reaktion ihres Umfeldes erfahren, empfinden im positiven Sinne so etwas wie Stolz in Bezug auf ihr Handeln. Dadurch erleben sie, dass sie mit ihren Fähigkeiten etwas Positives bewirken können, wodurch wiederum ihr Selbstvertrauen gestärkt wird.

Was bedeutet es, Unterstützung anzunehmen?

Nun könnte man meinen, dass Unterstützung anzunehmen genau das Gegenteil derjenigen Erfahrung bewirkt, die das Leisten von Unterstützung auslöst. Führt das Annehmen von Unterstützung dann dazu, dass eine Schwächung des Selbstvertrauens erfolgt und Kinder sich selbst als nicht wirksam erleben?

Mein Berufsalltag hat mir gezeigt, dass dies bei Kindern im Vorschulalter definitiv nicht der Fall ist. Wenn Kinder eine ihnen gestellte Aufgabe oder Situation nicht direkt meistern können, dann bitten sie vielmehr ganz selbstverständlich um Hilfe. Bekommen sie dann die eingeforderte Hilfe von ihrem Umfeld, so gehen sie zufrieden und glücklich aus dieser Situation heraus und setzen ihre jeweilige Aktivität einfach fort. Bekommt ein Kind in Situationen, in denen es mit einer Herausforderung nicht alleine zurecht kommt, keine Unterstützung von seinem Umfeld, so erlebt es schnell Frust, Verzweiflung und Enttäuschung. Häufig endet die Situation auch mit Tränen.

Welche positiven Erfahrungen sind es denn, die ein Kind aus dem Annehmen von Unterstützung für seine Entwicklung mitnehmen kann? Es ist die Gewissheit, nicht alleine zu sein und sich auf sein Umfeld verlassen zu können. Diese Gewissheit fördert das Vertrauen zu seinem Umfeld und das Wissen darüber, dass das Annehmen von Hilfe eine durchaus akzeptable Methode ist, um einen Ausweg aus schwierigen Situationen zu finden. Außerdem neigen Kinder, die gelernt haben, Hilfe anzunehmen, auch verstärkt dazu, in anderen Situationen ihre Hilfe anzubieten.

Vom Ich zum Wir

Es ist also wichtig, dass Kinder sowohl die Erfahrung machen, Unterstützung anzubieten, als auch, Hilfe anzunehmen. So erleben sie sich als wirksames Individuum mit Stärken und Schwächen, das gelernt hat, wie es sich in verschiedenen Situationen behelfen oder helfen lassen kann. Sie machen die Erfahrung, dass eine Gemeinschaft ein System ist, in dem jeder für den Anderen einsteht und jeder mit seinen Stärken und vermeintlichen Schwächen akzeptiert wird. Herausforderungen lassen sich leichter meistern, wenn man sich ihnen nicht ganz alleine, sondern als Team stellt. So sagte einmal ein fünfjähriger Junge nach einer erlebnispädagogischen Teamaktion Folgendes: „Ich bin froh, dass ich bei dieser Aufgabe nicht alleine war, denn sonst hätte ich viel länger dafür gebraucht oder ich hätte es vielleicht sogar nicht geschafft.“

1.6 Lebensort Kita – Raum für Aktionen und Erlebnisse

Viele Kinder verbringen wochentags einen Großteil ihrer Zeit in Kindertageseinrichtungen. Umfangreiche Öffnungszeiten, beispielsweise von 07:00 Uhr bis 17:00 Uhr, führen dazu, dass die Kinder täglich bis zu neun Stunden in den Einrichtungen sind. Somit wird die Kindertagesstätte zwangsläufig zu einem zentralen Lebensort für die Kinder, der ihnen Bildung und Förderung zukommen lässt, Werte und Normen vermittelt und sie in ihrer Sozialkompetenz stark prägt. Eine zentrale Aufgabe für Träger von Kindertageseinrichtungen muss es daher sein, einen Ort für Kinder zu schaffen, der den Bildungs- und Förderungsauftrag der Fachkräfte mittels entsprechender Gestaltung des Außengeländes und der Räume sowie deren Ausgestaltung mit altersgerechten und auffordernden Materialien unterstützt.

Baustelle und Dschungel in einem – Das Außengelände

Das Außengelände von Kindertageseinrichtungen sollte so gestaltet sein, dass es den dort tätigen Fachkräften ermöglicht, die ihnen anvertrauten Kinder im Rahmen ihres pädagogischen Konzeptes ganzheitlich zu fördern (Kunz/Gutsche 2007). Bei der Planung und Gestaltung sollten daher folgende zwei Aspekte Berücksichtigung finden: Bewegungsfreundlichkeit und Sinnesanregung.

Das Außengelände sollte so angelegt sein, dass es den natürlichen Bewegungsdrang der Kinder unterstützt und Raum für Erlebnisse schafft. Hierzu gehören Hügel, die zum Erklimmen und Hinabrollen anregen sowie Hecken und Büsche, die so anzupflanzen sind, dass natürliche Verstecke und Rückzugsmöglichkeiten entstehen. Auch Kletterwände und Spielgerüste sollten installiert werden, um Kindern zu ermöglichen, beim Klettern und Springen die Herausforderungen der Bewegung in der Höhe kennenzulernen.

Sand, Matsch, Wasser und Erde ermöglichen den Kindern ebenso intensive Sinneserfahrungen wie Pflanzen und Bäume, die zum Riechen, Schmecken, Fühlen und Tasten animieren (Meyer 2014). Diese elementaren Erlebnisse mit und in der Natur sind Erfahrungen, die für Kinder durch die zunehmende Verstädterung immer mehr verwehrt werden.

Bietet das Außengelände einer Kindertagesstätte die Aspekte Bewegungsfreundlichkeit sowie Sinnesanregung, so lassen sich dort Aktionen und Erlebnisse, die zur Förderung von Team- und Kooperationsfähigkeit beitragen, einfach und mit wenig (Material-)Aufwand in den Tagesablauf einbinden.

Der Raum als Ort für Erlebnisse

Kindertagesstätten sollen „die Entwicklung des Kindes zu einer eigenverantwortlichen und gemeinschaftsfähigen Persönlichkeit fördern" (§1 (1) KitaFöG Berlin). Um dieses Ziel erreichen zu können, bedarf es eines entsprechenden Raumkonzepts, das die Fachkräfte in ihrem pädagogischen Handeln unterstützt.

Räume in Kindertagesstätten sollen dem natürlichen Drang der Kinder nach Bewegung, Entdecken und Forschen gerecht werden. Sie sollen den Kindern Platz für das Lernen sozialer Interaktion bieten und gleichzeitig Raum für Rückzug ermöglichen. Hierbei können z. B. die pädagogischen Ansätze aus der Waldorf-, Montessori- oder Reggio-Pädagogik berücksichtigt werden. Auch die Frage nach einem offenen oder geschlossenem Gruppen- bzw. Raumkonzept sollte in die Überlegungen darüber, wie der Erziehungsauftrag erreicht werden kann, mit einbezogen werden.

Bei geschlossenen Raumkonzepten bleiben die Kinder für gewöhnlich ganztägig in der ihnen zugeordneten Gruppe. Die konstante Gruppe gibt ihnen Sicherheit für die Erprobung neuer Handlungsstrategien und fängt Rückschläge in der Regel gut auf. Offene Raumkonzepte bringen Kinder hingegen immer wieder in die Situation, sich auf neue Gruppenkonstellationen einstellen zu müssen. So können sie lernen, flexibel zu agieren und ihr Handeln an die jeweilige Gruppe anzupassen.

Erlebnisse im sozialen Miteinander, bei denen die Kinder in ihrem Gemeinschaftsverhalten gestärkt werden, sind mit jedem pädagogischen Raumkonzept möglich. Es liegt in der Verantwortung der Fachkräfte, das Potential der Räume zu erkennen, gegebenenfalls Veränderungen vorzunehmen und im Kindergartenalltag Zeit für den Erwerb dieser Kompetenzen zur Verfügung zu stellen.

In jedem Material steckt ein Erlebnis

Die kindliche Phantasie sieht in Allem etwas, das entdeckt, verwandelt oder umfunktioniert werden kann. Daher benötigen Fachkräfte in Kindertagesstätten nicht viel, um abwechslungsreiche Erlebnisse für die ihnen anvertrauten Kinder zu schaffen.

In jeder Kindertagesstätte gibt es Gesellschaftsspiele, die sich mit kleinen Kniffen in ein Teamerlebnis umwandeln lassen. So wird z. B. aus Skat-

Spielkarten „Das schnellste Kartenspiel der Welt", mit Dominosteinen entsteht die „Domino Challenge" oder aus einem Memoryspiel wird „Team-Memory" (Weber 2019, 63f.). Aber auch mit Alltagsmaterialien, wie leeren Joghurtbechern, Luftballons oder Papprollen, lassen sich mit etwas Phantasie Herausforderungen für die Kinder entwickeln.

Das Inventar im Gruppenraum eignet sich ebenfalls zur Schaffung von Gruppenerlebnissen. Mit Hilfe von Stühlen und Tischen kann beispielsweise ein Hindernisparcours entstehen, der von den Kindern im Tandem durchquert werden muss, wobei ein Kind eines jeden Tandems eine Augenbinde trägt. Oder der Balancierbalken auf dem Außengelände wird zu einem Hindernis, dessen Überwindung ein Team vor eine große Herausforderung stellt. Möglichkeiten gibt es viele, es liegt an den Fachkräften, das Umfeld mit Kinderaugen zu sehen und ihre Phantasie und Kreativität gewinnbringend für die ihnen anvertrauten Kinder einzusetzen.

2 Anleitung zur Umsetzung der erlebnispädagogischen Aktionen

Die folgenden Seiten beinhalten Informationen zu der Rolle der Spielleitung bei der Umsetzung erlebnispädagogischer Aktionen, dem Ablauf der Aktionen, dem Umgang mit möglichen Rückschlägen und darüber, wie die Erlebnisse mit den Kindern reflektiert werden können.

2.1 Die Rolle der Spielleitung

Die pädagogische Fachkraft übernimmt bei der Umsetzung von erlebnispädagogischen Angeboten die Rolle der Spielleitung. Diese beinhaltet die Auswahl und Vorbereitung der Aktionen, die Einstimmung der Kinder auf diese Aktionen, deren Durchführung und die Reflexion der Erlebnisse.

Auswahl der Aktionen

Bei der Auswahl geeigneter Aktionen, um die Kinder im Rahmen des Vorschulprogramms in ihrer Team- und Kooperationsfähigkeit zu fördern, gilt grundsätzlich der Vorsatz, die Gruppe an ihrem aktuellen Leistungsstand abzuholen. Dies bedeutet, den Schwierigkeitsgrad der Aktionen zu Beginn der Förderung eher niedrig zu halten und ihn im Verlauf des letzten Kindergartenjahres kontinuierlich zu steigern. Es gibt jedoch auch immer wieder Gruppen, die in ihrem Kooperationsverhalten bereits zu Beginn der Förderung als sehr leistungsstark auffallen. Bei diesen Gruppen kann recht schnell der Schwierigkeitsgrad erhöht werden bzw. kann die Erzieherin mit kleinen Änderungen diesen bei den vermeintlich leichteren Übungen erhöhen, um die angestrebte Herausforderung für die Gruppe zu erreichen.

Bei der Auswahl der Aktionen ist auch immer die Einschätzung der Erzieherin gefragt, die mit der Gruppe arbeitet. Daher sollte die Rolle der Spielleitung auch immer von einer Erzieherin übernommen werden, die mit der Gruppe eng vertraut ist und diese in ihrer Leistungsstärke und ihrem Sozialverhalten sehr gut einschätzen kann. Eine Überforderung der Gruppe ist ebenso kontraproduktiv für die Entwicklung von Kooperationsstrategien wie eine Unterforderung. In beiden Fällen besteht die

Gefahr, dass die Kinder schnell die Lust an den Aktionen verlieren und somit der angestrebte Lerneffekt ausbleibt.

Vorbereitung der Aktion

Ist die Entscheidung für eine Aktion gefallen, geht es nun an deren Vorbereitung. Im ersten Schritt muss der Erzieher prüfen, wo die Aktion stattfinden soll und ob der angedachte Raum hierfür geeignet ist. Dabei gilt es, die örtlichen Gegebenheiten auf potentielle Gefahrenquellen hin zu begutachten, um einen reibungslosen Ablauf gewährleisten zu können. Auch sollte darauf geachtet werden, dass die Gruppe während der Durchführung ungestört agieren kann und möglichst keine weiteren Kinder aus anderen Gruppen in umittelbarer Nähe anwesend sind. Erfahrungsgemäß lässt sich die Altersgruppe der Vorschulkinder recht schnell durch ihre Umwelt ablenken, was zu Störungen in dem angestrebten Gruppenprozess führen kann. Viele der in diesem Buch beschriebenen Aktionen finden auf dem Außengelände von Kindertagesstätten statt. Um Aktionen zur Team- und Kooperationsförderung ungestört mit Gruppen durchführen zu können, bietet sich in der Regel der Vormittag sehr gut an. Häufig ist die Mehrzahl der Kitakinder dann noch in den Gruppen beschäftigt und somit steht das Außengelände ausschließlich für das geplante Angebot zur Verfügung.

Im nächsten Schritt muss das benötigte Material von dem Erzieher organisiert werden. Ein Großteil der hier beschriebenen Aktionen kommt mit wenig bzw. mit solchem Material aus, das normalerweise in den Kindertagesstätten bereits vorhanden ist. Andernfalls wurde darauf geachtet, dass die Anschaffung des Materials mit möglichst geringen Kosten verbunden ist. Bei bereits vorhandenem Material sollte der Erzieher dieses sowohl auf Funktionsfähigkeit als auch auf Vollständigkeit prüfen. Dies erleichtert einen reibungslosen Ablauf und ermöglicht es dem Erzieher, sich mit Beginn der Aktion auf seine Gruppe und die Ereignisse zu konzentrieren.

Hinführung zur Aktion

Ist die Aktion vorbereitet, so steht der Durchführung nichts mehr im Wege. Jede Aktion beginnt mit einer Geschichte. Diese soll eine Verbindung zwischen kindlicher Realität und Spielsituation erzeugen und die Kinder auf die eigentliche Durchführung einstimmen.

Kindern fällt es im Vorschulalter noch nicht immer leicht, die während der Aktion gesammelten Eindrücke in ihre Lebenswelt zu übertragen.

Dementsprechend kommt es vor, dass für ein Kind das Spiel im Vordergrund steht und es keine Erkenntnisse aus dem Erlebten ziehen kann. Geschichten können die Kinder dabei unterstützen, eine Verbindung zwischen der beschriebenen Situation und ihrer persönlichen Lebenswelt zu erkennen.

Zusätzlich dienen die Geschichten als Einstiegsritual in die jeweilige Aktionseinheit. Sie machen den Kindern deutlich, dass nun etwas Neues beginnt und holen sie aus ihrer aktuellen Situation ab. Machen Sie es sich ruhig mit den Kindern gemütlich, z. B. in einer gemütlichen Sitzecke mit weichen Bodenmatten und vielen Kissen. Eine Atmosphäre, in der die Kinder sich wohl fühlen, führt dazu, dass sie vollkommen in das Gehörte eintauchen und sich auf die im Anschluss folgende Aktionseinheit einlassen können.

Durchführung der Aktion

Jede Aktion beginnt, wie bereits erwähnt, mit einer Geschichte. Je nach Umfang der Geschichte werden bis zu zehn Minuten Zeit für den Einstieg benötigt. Ein Großteil der Aktionen ist für das Außengelände konzipiert. Da das Vorlesen der Geschichten erfahrungsgemäß im Gruppenraum besser durchzuführen ist, muss häufig ein Ortswechsel für die eigentliche Aktion eingeplant werden.

Hat die praktische Umsetzung der Aufgabenstellung durch die Kinder begonnen, so übernimmt die Erzieherin die Beobachterfunktion. Sie schaut sich die Ereignisse am Rande des Geschehens an und greift nur dann ein, wenn sich die Gruppe durch ihr Handeln einem Verletzungsrisiko aussetzt oder die Spielregeln nicht eingehalten werden. Die Rolle der Beobachterin ist jedoch nicht zu unterschätzen, denn sich bewusst zurück zu halten ist nicht von Vornherein Jedermanns oder Jederfraus Sache. Die eigenen Vorstellungen zur Zielerreichung hintenanzustellen und die Kinder ihren eigenen Weg finden zu lassen, fällt häufig schwerer als erwartet. Trauen Sie den Kindern ruhig etwas zu und geben Sie ihnen den Raum zu erfahren, wie ihre persönlichen Ideen zu Erfolgen oder auch zu Rückschlägen führen können.

Halten die Kinder sich nicht an die Spielregeln, so wird die Aktion durch die Erzieherin kurz unterbrochen. Sie kann die Kinder an dieser Stelle fragen, ob sie wissen, warum sie die Übung unterbrochen hat. Häufig kennen die Kinder den Grund für eine Unterbrechung sehr genau und haben so die Chance, ihr Handeln als Gruppe zu reflektieren. Anschließend empfiehlt es sich, die Regeln noch einmal zu wiederholen und daraufhin die Übung von vorn beginnen zu lassen.

Anleitung der Reflexion

Mit der Altersgruppe der Fünfjährigen ist eine Reflexion im klassischen Sinne noch nicht möglich. Fragestellungen wie: „Was ist euch während der Übung aufgefallen?“ oder „Was möchtest du dem Team noch zu dem Erlebten mitteilen?“ führen eher dazu, dass Spielregeln oder Bewegungsabläufe wiedergegeben werden. Die Fähigkeit, das erlebte Handeln zu reflektieren und daraus Veränderungen abzuleiten, ist bei den Kindern noch nicht immer vorhanden. Daher empfiehlt es sich, möglichst einfache Fragestellungen zu formulieren, um so die Kinder anzuregen, über das Erlebte nachzudenken. Als mögliche Fragen sind folgende Formulierungen geeignet:

- Möchtest du noch etwas zu dem Spiel sagen?
- War etwas besonders schwierig?
- Hat das Team gut zusammengearbeitet?

Um eine Einschätzung von den Kindern in Bezug auf Schwierigkeitsgrad und Gefallen an der Aktion zu erhalten, bietet sich die „Grübelmethode“ an. Hierbei setzen sich die Kinder noch einmal als Gruppe zusammen und der Erzieher stellt ihnen folgende zwei Fragen:

- Wie war die Aufgabe fur dich? War sie einfach, ein bisschen schwer oder sehr schwer?
- Wie hat dir die Aufgabe gefallen? Hat sie dir viel Spaß gemacht, ein bisschen Spaß gemacht oder überhaupt keinen Spaß gemacht?

Im Anschluss an die einzelnen Fragestellungen folgt das Grübeln. Hierzu nehmen der Erzieher und die Kinder eine Hand an den Kopf, machen mit den Fingern die Grübelbewegung und sprechen dabei gemeinsam „Grübel, grübel, grübel … 3 … 2 … 1 … Daumen zeigen!“. Die Kinder strecken dann den Arm nach vorne und zeigen mit ihrem Daumen an, wie sie den Schwierigkeitsgrad der Aktion einschätzen bzw. wie ihnen diese gefallen hat. Daumen nach oben bedeutet, dass die Aufgabe leicht war bzw. viel Spaß gemacht hat. Ein waagerechter Daumen zeigt, dass die Aufgabe ein bisschen schwer war und auch nur ein bisschen Spaß gemacht hat. Zeigt ein Kind mit dem Daumen nach unten, hat es die Aufgabe als zu schwer empfunden bzw. sie hat ihm keinen Spaß gemacht. Mit diesem Abschlussritual endet das Angebot und die Kinder werden zurück in ihren Gruppenalltag entlassen.

Abb. 1: Dieses Mal hat alles bestens funktioniert

Wenn es mal nicht so gut läuft

Natürlich können auch bei den in diesem Fachbuch vorgestellten Aktionen einmal unvorhergesehene Störungen oder Schwierigkeiten auftreten. Lassen Sie sich davon bitte nicht entmutigen. Rückschläge gehören in der Förderung von Sozialkompetenzen zum Berufsalltag dazu. Wie Erwachsene haben auch Kinder einmal „schlechte Tage", die möglicherweise dazu führen, dass Angebote nicht wie geplant durchgeführt werden können. In den nachfolgenden Abschnitten wird beispielhaft gezeigt, welche Art von Problemen auftreten können und wie damit umgegangen werden kann.

Direkt zu Beginn einer Aktion kann die Erzieherin vor der Situation stehen, dass ihre Gruppe keine Strategie findet, um die ihnen gestellte Aufgabe lösen zu können. Diese Situation wird im Verhältnis recht selten vorkommen. In der Regel hat immer mindestens ein Kind der Gruppe eine Idee, die zum Erreichen des Ziels beiträgt. Ist dies jedoch einmal nicht der Fall, muss sich die Erzieherin die Frage stellen, ob sie die Gruppe mit der gestellten Aufgabe womöglich überfordert. Besonders wenn die Gruppe in der Einheit zuvor positiv aufgefallen ist und die Herausforderung besonders beeindruckend absolviert hat, neigen wir Erwachsenen dazu, den Schwierigkeitsgrad in der Folgestunde zu weit anzuheben. In diese

Falle tritt vermutlich jede Spielleitung einmal. Reduzieren Sie in diesem Fall einfach den Schwierigkeitsgrad der Übung.

Dies lässt sich häufig durch eine leichte Änderung der Spielregeln steuern. Erlauben Sie den Kindern zum Beispiel ein bis zwei Fehlversuche oder stellen Sie ihnen Materialvarianten zur Verfügung, mit denen die Kinder besser zurecht kommen. Außerdem kann die Erzieherin den Kindern Tipps geben, die bei den Kindern eigene Ideen entstehen lassen, anhand derer sie eine Lösungsstrategie entwickeln können. Ebenso wäre vorstellbar, dass die Erzieherin den Kindern zwei bis drei Lösungsvorschläge unterbreitet und die Gruppe demokratisch entscheiden lässt, welche Variante sie ausprobieren möchte. In der Regel sollte die Gruppe dann auch in Aktion kommen und die Übung einmal durchspielen können. Wenn jedoch alle Unterstützungsversuche scheitern, muss die Übung abgebrochen werden und kann zu einem späteren Zeitpunkt im letzten Kindergartenjahr noch einmal wiederholt werden.

Es gibt Tage, an denen ein Kind nicht mit voller Aufmerksamkeit an der Aktion teilnimmt und durch sein Verhalten den gesamten Spielablauf stört. Häufig reichen in solchen Momenten die freundlichen Bitten der Erzieherin, sich doch zu benehmen und für das Team an der Übung teilzunehmen, nicht aus, um eine ruhige und angenehme Spielsituation zu erzeugen. Natürlich kann die Erzieherin mit dem betroffenen Kind ins Gespräch gehen und versuchen herauszufinden, woran es liegt, dass es dem Kind an Begeisterung für das Angebot fehlt. Manchmal liegt es in solchen Momenten daran, dass die Übung dem einzelnen Kind zu leicht oder zu schwer erscheint. Wenn die Übung keine Herausforderung für ein einzelnes Kind darstellt, kann die Erzieherin dem Kind eine Sonderfunktion zuteilen. Dies könnte zum Beispiel die Rolle des Assistenten der Spielleitung sein. Das Kind kann dann die Gruppe vom Rande des Geschehens aus beobachten und der Spielleitung dabei helfen, auf die Einhaltung der Regeln zu achten. Wenn das Kind auch dieses Angebot ablehnt, ist zu überlegen, ob das Kind an diesem Tag besser nicht an der Übung teilnimmt und sich während der Durchführung in einer anderen Gruppe aufhält. Der Ausschluss eines Kindes sollte jedoch erst dann in Erwägung gezogen werden, wenn sich das betroffene Kind durch keinen der Vorschläge zu einer Teilnahme überzeugen lässt.

Natürlich kann es auch einmal vorkommen, dass die Kinder einer Gruppe während der Übung zu streiten beginnen. Grund hierfür sind dann häufig Fehlversuche oder Regelverstöße, die dazu führen, dass die Übung wiederholt werden muss. In solchen Fällen muss die Erzieherin sofort die Übung unterbrechen und mit den Kindern noch einmal darüber sprechen, was Teamarbeit bedeutet. Bei diesen Übungen gibt es nicht den einzelnen Schuldigen. Das Team hat an der entsprechenden Stelle nicht als solches funktioniert und zum Beispiel ein einzelnes Teammitglied nicht genügend unterstützt. Oft hilft es in diesem Fall, ein Beispiel aus dem Fußball anzubringen. Wenn der Gegner ein Tor schießt, ist es nicht zwingend der Fehler des Torwartes. Nicht selten haben die Spieler in der Abwehr nicht gut genug aufgepasst oder sogar einen Fehler gemacht, sodass es zu dem Tor kommen konnte. Fußball ist ein Teamsport, genau wie die hier vorgeschlagenen Übungen Teamaufgaben darstellen, bei denen alle zusammenhalten und sich gegenseitig unterstützen müssen.

Bei der Einteilung von Gruppen kann die Erzieherin vorab schon dazu beitragen, die Chance zu erhöhen, dass die Gruppen die Aufgaben erfolgreich lösen können. Es gibt immer Kinder, die in ihren motorischen Fähigkeiten oder in ihren sozialen Kompetenzen den anderen Kindern voraus sind. Wenn bei der Zusammensetzung der Gruppe darauf geachtet wurde, dass alle Mitglieder einen ähnlichen Entwicklungsstand aufweisen, sind die Herausforderungen für die Gruppe in der Regel zu meistern. Dabei dürfen die Kinder auch ruhig einmal aus ihrer Komfortzone gelockt und vor größere Herausforderungen gestellt werden, als sie es bisher gewohnt waren. Genau darin liegt der Lernprozess in diesen Übungen. Die Kinder sollen lernen, die Stärken jedes Einzelnen zu nutzen und dabei die vermeintlich Schwächeren mitzutragen. In einer Gruppe geht es um das „Wir“. Ziele können nur gemeinsam erreicht werden. Wenn jedes Kind der Gruppe das verstanden hat, ist das größte Lernziel erreicht.

3 33 erlebnispädagogische Aktionen für Vorschulkinder

Achtung Quetschgefahr!

Wo: Außengelände
Dauer: 45–60 Minuten
Gruppengröße: max. 10 Kinder
Material: eine kleine Mauer von max. 50cm Höhe

Anleitung: Der Erzieher sammelt die Kinder an einer kleinen Mauer auf dem Außengelände der Kita und erklärt ihnen die Aufgabe. Die Kinder sollen sich nebeneinander auf die Mauer stellen. Dabei ist darauf zu achten, dass fünf Kinder auf der rechten Seite und fünf Kinder auf der linken Seite der Mauer stehen. Der Abstand zwischen den beiden Seiten sollte 2m betragen. Die Aufgabe besteht nun darin, dass die auf der Innenseite stehenden Kinder aufeinander zugehen und versuchen, aneinander vorbei zu kommen ohne dass einer von ihnen von der Mauer herunter fällt. Haben sie dies geschafft, müssen sie nun noch an den vier weiteren Kindern vorbei und sich auf der neuen Seite wieder hinten anstellen. Dies wird so lange wiederholt, bis die gesamte rechte Gruppe links und die linke Gruppe rechts steht. Die Aufgabe gilt als gelöst, wenn dabei kein Kind von der Mauer herunterfällt. Geschieht dies doch, beginnt die Übung von vorn.

Hinweis: Je nach Breite der Mauer verändert sich der Schwierigkeitsgrad der Übung. Wenn die Einrichtung über kein Mäuerchen verfügt, kann alternativ auch ein eckiger Balancierbalken oder eine Turnbank im Bewegungsraum genutzt werden.

Geschichte: „Achtung, Achtung! Platz gemacht!“, ruft Anton, als er vollgepackt mit Spielsachen für den Sandkasten den schmalen Weg am Kitagebäude entlang geht. Auf dem Weg ist ziemlich viel los, denn gerade ist das Mittagessen zu Ende und alle Kinder stürmen nach draußen. Aber darauf nimmt Anton keine Rücksicht. Er schubst und drängelt sich durch die anderen Kinder und achtet nicht darauf, was mit ihnen passiert. Anton ist einer von diesen Jungen, die immer glauben, dass sich alles nach ihnen zu richten hat, egal, wo sie stehen oder gehen.

Doch diesmal hat seine Gruppenleitung, Frau Kunterbunt, Antons Ver-

Abb. 2: Es ist ganz schön eng auf diesem Mäuerchen

halten gesehen und geht sofort zu ihm rüber. „Anton, warte bitte einmal!", ruft sie hinter ihm her. Anton dreht sich um und bleibt stehen. „Ja, Frau Kunterbunt?", antwortet er mit fragender Stimme. „Ich habe genau gesehen, wie du gerade den Weg entlang gegangen bist und dabei die anderen Kinder geschubst hast. Das war nicht sehr nett", sagt Frau Kunterbunt mit leicht strengem Unterton. „Was kann ich denn dafür, wenn mir die anderen Kinder alle im Weg stehen? Ich bin doch vollgepackt mit Spielsachen. Da können die doch ruhig aus dem Weg gehen!", antwortet Anton mit beleidigter Stimme. Frau Kunterbunt schüttelt den Kopf. „Anton, Anton", sagt sie mit bestürzter Stimme. „Wann wirst du endlich verstehen, dass es nicht immer nach deinen Vorstellungen laufen kann?" Anton zuckt mit den Schultern. „Weiß ich auch nicht so genau", antwortet er und will weiter Richtung Sandkasten gehen. „Stopp!", ruft Frau Kunterbunt ihm hinterher. Anscheinend hat sie ihm noch etwas zu sagen. „Was ist denn jetzt noch?", fragt Anton Frau Kunterbunt. „Nicht so voreilig, mein Freundchen!", ruft sie ihm zu und deutet Anton mit dem Zeigefinger an, dass er noch einmal zu ihr zurückkommen soll. „Ich glaube, wir müssen ganz dringend dafür sorgen, dass du lernst, auf andere Personen Rücksicht zu nehmen und Hilfe und Unterstützung anzunehmen." „Wie soll das denn funktionieren?", fragt Anton seine Gruppenleitung. „Und macht das wenigstens auch Spaß?" Frau Kunterbunt muss schmunzeln und antwortet ihm mit einem leichten Lächeln in der Stimme. „Ich glaube, ich habe da eine Idee, die dir und den anderen Kindern Spaß machen wird und bei der ihr gleichzeitig lernen könnt, aufeinander Rücksicht zu nehmen. Komm mit, dann wirst du es schon sehen."

Anton geht also mit Frau Kunterbunt mit und sammelt noch andere Kinder ein, die bei ihrer Idee mitmachen wollen. Und natürlich hat Frau Kunterbunt recht behalten, denn Anton und die anderen Kinder haben einen tollen Nachmittag mit richtig viel Spaß. Und gelernt haben sie dabei auch noch etwas. Kommt doch einfach einmal mit, ich werde euch zeigen, was die Kinder so erlebt haben.

Alarm in der Sushi-Fabrik

Wo: Gruppenraum
Dauer: 45–60 Minuten
Gruppengröße: max. 4 Kinder, aufgeteilt in 2 Teams
Material: das Spiel „Makemaki" (alternativ: Holzstäbe und unterschiedlich große Bauklötze), zwei Tische

Anleitung: Dieses Spiel wird im Kleinteam von zwei Kindern gespielt. Wenn die Einrichtung über das Spiel „Makemaki" verfügt, können vier Kinder gleichzeitig diese Übung spielen. Die zwei Tische werden in einem Abstand von ca. 2m bis 3m aufgestellt. Auf dem einen Tisch werden je Kleinteam drei zerlegte Sushi-Rollen und zwei Paar Sushi-Stäbchen platziert. Auf dem anderen Tisch wird je Kleinteam ein grünes Spielbrett abgelegt. Die Aufgabe für die Kleinteams besteht darin, die einzelnen Sushi-Teile nur mit Hilfe der Sushi-Stäbchen von dem einen Tisch zum anderen zu transportieren, ohne dass die Hände die einzelnen Teile berühren oder Teile herunterfallen. Ziel ist es, die drei Sushi-Rollen auf dem grünen Spielbrett richtig zusammenzusetzen.

Hinweis: Bei dieser Übung muss sich das Kleinteam gut absprechen, um die Aufgabe meistern zu können. Eventuell sollte die Erzieherin den Kindern vor Spielbeginn noch erklären, was Sushi ist und wie Sushi-Stäbchen für das Essen gehalten werden. Wenn die Einrichtung nicht über das Spiel „Makemaki" verfügt, können auch kurze Holzstäbe aus dem Baumarkt und unterschiedlich große Bauklötze genutzt werden. Als Ablegeziel können Kunststoffteller genutzt werden.

Geschichte: „Alarm! Alarm!", ertönt es über die Lautsprecher in der Produktionshalle der Sushi-Fabrik. Irgendetwas scheint passiert zu sein, denn die Menschen, die dort arbeiten, rennen ziemlich aufgeregt hin und her und keiner weiß so richtig, was nun zu tun ist.

Wie bitte? Du möchtest wissen, was eine Sushi-Fabrik ist? Sushi ist ein japanisches Gericht, bei dem kalter Reis beispielsweise mit Fisch oder Gemüse zu kleinen Röllchen geformt wird. Diese kleinen Röllchen werden in der Sushi-Fabrik hergestellt und dann später in Supermärkten verkauft. Aber im Moment wird in der Sushi-Fabrik gar nichts hergestellt. Alle Maschinen stehen still und kein einziger Mitarbeiter ist an seinem Arbeitsplatz.

Da taucht auf einmal der Produktionsleiter auf, der für alle Mitarbeiter und die Maschinen verantwortlich ist. „Alle mal aufgepasst!", ruft er mitten in der Halle durch ein Megaphon. So kann er sicher sein, dass er von allen Mitarbeitern gehört wird. „Es gibt ein technisches Problem mit den Robotern an der Verpackungsmaschine. Dort ist eine Sicherung durchgebrannt und dadurch fallen die Roboter aus, die unser leckeres Sushi in die Schachteln verpacken." Die Mitarbeiter hören ihrem Produktionsleiter aufmerksam zu. „Der Techniker, der die Sicherung austauschen und unsere Roboter überprüfen kann, wird erst morgen bei uns vorbei schauen können." Die Mitarbeiter wundern sich. Wie sollen sie denn heute ihre Arbeit zu Ende bringen, wenn die Roboter nicht funktionieren? Doch der Produktionsleiter hat schon eine Idee. „Damit wir heute weiter arbeiten können, müssen einige von euch in kleinen Teams die Sushi-Röllchen vom Ende der Herstellung zu den Verpackungsschachteln transportieren." Die Mitarbeiter schauen sich fragend an. Wie soll das denn bloß funktionieren? Mit den Händen darf man die Sushi-Röllchen aus Hygienegründen nämlich nicht anfassen. Doch auch dafür hat der Produktionsleiter bereits eine Lösung. „Damit ihr die Sushi-Röllchen nicht mit den Fingern anfassen müsst, bekommt ihr jeweils ein Paar Sushi-Stäbchen. Mit denen könnt ihr dann die einzelnen Röllchen transportieren." Die Mitarbeiter sind ratlos. Es scheint, als hätte keiner eine wirklich gute Idee, wie sie diese Aufgabe lösen sollen. „Also los, an die Arbeit! Das Team von euch, dass die beste Idee für den Transport der Sushi-Röllchen entwickelt, darf heute früher Feierabend machen!" Na, wenn das mal kein Anreiz für die Mitarbeiter ist, denn früher Feierabend macht doch jeder gern.

Und so dauert es auch nicht lange, bis sich die ersten Paare zu kleinen Teams zusammengefunden haben und überlegen, was wohl die beste Methode ist, um die Sushi-Röllchen zu der Verpackungsstation zu transportieren. Aber Moment mal, habt ihr vielleicht eine Idee? Wie wäre es, wenn ihr die Mitarbeiter der Sushi-Fabrik unterstützt und ihnen helft, eine Lösung für das Problem zu finden? Ich bin mir sicher, euch fallen ganz tolle Möglichkeiten ein, wie die Arbeit im Nullkommanix erledigt werden kann.

Architekt oder Baumeister?

Wo: Gruppenraum
Dauer: 45–60 Minuten
Gruppengröße: max. 2 Kinder
Material: Papier und Buntstifte, Duplo Steine

Anleitung: Das Kleinteam erhält die Aufgabe, zunächst ein Gebäude auf einem Blatt Papier zu malen. Dabei können die Kinder entscheiden, ob sie ein einfaches Haus, einen Turm oder ein Hochhaus malen. Im Anschluss soll das Kleinteam gemeinsam das fertige Bild dem Erzieher vorstellen und dann mit den Duplo Steinen nachbauen. Dabei müssen die Kinder darauf achten, dass sie farblich die Bausteine benutzen, wie sie in ihrem Bild vorgegeben sind. Nach Fertigstellung des Gebäudes präsentieren sie ihr Arbeitsergebnis erneut dem Erzieher und die Übung ist beendet.

Hinweis: Die Kinder können bei dieser Übung selbst entscheiden, ob sie das Gebäude zweidimensional oder dreidimensional bauen wollen. Der Erzieher sollte für das Malen den Kindern die Farben an Buntstiften zur Verfügung stellen, in denen auch entsprechende Duplo Steine vorhanden sind. Da die Kinder in der Regel nach dieser Übung sehr stolz auf ihr Bauwerk sind, könnte sowohl das von ihnen gemalte Bild sowie das fertige Gebäude ausgestellt werden.

Geschichte: Marlon schlendert gelangweilt durch die Zwergengruppe. Tom, sein bester Freund, ist heute krank und Anne spielt lieber in der Puppenecke als mit ihrem Zwillingsbruder.

Auf einmal sieht Marlon, dass Johanna am Maltisch sitzt und grübelnd über einem Blatt Papier sitzt. Also entschließt er sich kurzerhand, zu ihr hinüberzugehen und nachzuschauen, was sie so zum Grübeln bringt. „Hallo Johanna, hast du ein Problem?", fragt Marlon. „Irgendwie schon", antwortet Johanna. „Ich möchte gerne ein Haus entwerfen, genau wie mein Vater das immer macht. Der ist nämlich Architekt." Marlon versteht nicht, wo da das Problem liegen soll. „Kann ich dir vielleicht bei deiner Zeichnung helfen? Ich kann eigentlich auch ganz gut zeichnen", bietet Marlon ihr seine Unterstützung an. „Ich kann jede Hilfe gebrauchen.", freut sich Johanna. „Und weißt du was?", fragt Johanna ihren freundlichen Helfer. „Wie wäre es denn, wenn wir im Anschluss unsere Zeichnung mit Bausteinen nachbauen? Soweit ich weiß, spielst du doch total gerne in der Bauecke." In Marlons Gesicht zeichnet sich ein Lächeln ab. „Das ist eine großartige Idee!", freut er sich. Und plötzlich ist es Marlon überhaupt nicht mehr so langweilig und den Tag findet er auch gar nicht mehr so blöd.

Auf den Spuren der Ninjas

Wo: Klettergarten auf dem Außengelände
Dauer: 45–60 Minuten
Gruppengröße: max. 10 Kinder
Material: kein Material

Anleitung: Die Kinder versammeln sich am Klettergarten auf dem Außengelände. Die Erzieherin erklärt den Kindern, dass sie nun in die Rolle von Ninjas schlüpfen werden. Sie sollen in kleinen Teams von maximal drei Kindern den Klettergarten durchqueren. Während der Übung befindet sich immer ein Team im Klettergarten. Die Kinder des aktiven Teams starten aus unterschiedlichen Positionen innerhalb des Klettergartens. Während sich zwei Kinder des Teams im Uhrzeigersinn durch den Klettergarten bewegen, bewegt sich das dritte Kind gegen den Uhrzeigersinn durch den Klettergarten. Somit wird es zu der Situation kommen, dass sich die Kinder an einem beliebigen Punkt im Klettergarten begegnen. In diesem Moment müssen sie eine Möglichkeit finden, aneinander vorbeizukommen, ohne dass einer von Ihnen von dem Klettergarten herunterfällt. Fällt jedoch ein Kind herunter, so müssen die drei Kinder zurück an ihre Ausgangsposition und einen erneuten Versuch starten. Die Übung ist beendet, wenn jedes Kind wieder an seiner Ausgangsposition angekommen ist.

Hinweis: Nicht jeder Kindergarten verfügt über einen Klettergarten. Alternativ kann die Erzieherin auch einen Balancierpfad aus Balanciersteinen und Balancierbohlen auslegen. Darüber wird ein Kletterseil zwischen zwei Bäumen gespannt. Dieses dient als Stabilisationshalt für die Kinder, während sie balancieren.

Geschichte: „Mir ist so langweilig“, jammert Nina, als sie zusammen mit Jan auf den Sitzsäcken in der Kuschelecke der Tigergruppe rumgammelt. „Mir auch!“, antwortet Jan mit schläfriger Stimme. „Hier ist echt tote Hose!“ „Hast du vielleicht eine Idee, was wir machen können?“, fragt Nina ihren Freund. „Du hast doch sonst auch immer so gute Einfälle.“ Jan runzelt die Stirn. Das macht er immer, wenn er ganz angestrengt nachdenkt. „Wie wäre es, wenn wir im Kaufladen spielen würden?“, antwortet Jan. „Ist das dein Ernst?“, antwortet Nina entsetzt. „Du hattest auch schonmal bessere Ideen. Das machen wir doch eh schon jeden Tag.“ Jan schaut verdutzt drein. Normalerweise kommen seine Ideen bei seinen Freunden immer gut an. Aber wenn er ehrlich ist, so richtig überzeugt ist er von seiner Idee selbst nicht. Also runzelt Jan erneut seine Stirn und denkt angestrengt nach. Nina, die ihn dabei aufmerksam beobachtet, kann sogar sehen, wie sein Kopf von dem anstrengenden Nachdenken zu qualmen beginnt.

Abb. 3: Die Ninjas hangeln in schwindelerregender Höhe über den tiefen Schluchten

„Ich hab's!", ruft Jan plötzlich ganz aufgeregt. „Lass uns NinJa spielen!" „Ninja?", fragt Nina mit weit aufgerissenen Augen. „Was soll das denn sein?" Jan schaut verdutzt drein. „Sag bloß, du kennst keine Ninjas!?" „Doch, natürlich kenne ich Ninjas", antwortet Nina verlegen. Aber um ehrlich zu sein, eigentlich weiß sie nicht so wirklich, was Ninjas sind, traut es sich aber einfach nicht zuzugeben. Jan, der Nina schon sein ganzes Leben lang kennt, bemerkt allerdings sofort, dass Nina ein kleines bisschen flunkert. Doch weil Jan ein richtig guter Freund und Gentleman ist, tut er einfach so, als würde er ihr glauben. „Na dann hast du ja sicherlich nichts gegen eine kleines Abenteuer einzuwenden, oder?" Nina reißt vor Begeisterung die Augen weit auf. „Ein Abenteuer?", ruft sie mit Begeisterung in der Stimme. „Für ein Abenteuer bin ich doch immer zu haben!", fügt sie noch rasch hinzu. „Dann ist es geritzt!", beschließt Jan. „Komm schnell, wir ziehen unsere Sachen für draußen an und treffen uns am Seilgarten. Wer zuletzt da ist, muss später helfen, die Spielecke aufzuräumen!"

Nina und Jan flitzen los zu ihren Garderobenplätzen und ziehen sich an: Zuerst die Schuhe, dann die Jacke und los geht es im Raketentempo raus zum Seilgarten. „Erster!", rufen Nina und Jan im Chor. „Ich würde sagen, das ist ein klares Unentschieden!", schnauft Jan mit leicht rotem Kopf. „Einverstanden", antwortet Nina, während sie sich den Schweiß von der Stirn wischt.

„So Jan, wie stellst du dir denn nun unser Ninja-Abenteuer vor?", fragt Nina mit erwartungsvoller Stimme. „Nun ja, zuerst einmal musst du wissen, dass Ninja nicht gleich NinJa ist." Nina versteht kein Wort und genauso verdutzt schaut sie Jan auch an. „Was soll das denn heißen?", fragt sie ihren nun grinsenden Freund. „Ist es dir denn noch nicht aufgefallen?", antwortet Jan. „Aus unseren beiden Vornamen kann man den Begriff NinJa bilden: Nin von Nina und Ja von Jan macht zusammen NinJa!" „Wow! Das ist ja total cool!", ruft Nina und kann es nun kaum noch erwarten, endlich gemeinsam mit Jan in das Abenteuer zu starten. „Aber nun sag doch endlich, wie sieht unser Abenteuer aus?" Nina hüpft vor Aufregung ununterbrochen hin und her. „O. K.", sagt Jan mit geheimnisvoller Stimme. „Vor uns siehst du den Pfad des unerschrockenen Kriegers." Nina lauscht Jans Worten mit weit aufgerissenen Augen. „Der Pfad besteht aus drei gefährlichen Teilen: dem Lianenwald, der Schlucht der Kojoten und den schwebenden Felsen." Nina platzt beinahe vor Spannung. „Alle drei Teile müssen von uns, den NinJas, gemeinsam durchquert werden. Aber Vorsicht, es kann nämlich passieren, dass sich unsere Wege kreuzen. Dann müssen wir gut aufeinander aufpassen, damit niemand in eine Schlucht hinabfällt." Jan macht eine Pause um kurz Luft zu holen, bevor er mit seiner Erklärung fortfährt. Doch Nina ist schneller und brüllt in freudiger Erwartung: „Kann es nun endlich los gehen?"

Bald bist du ein Grundschulkind

Wo: Bewegungsraum, Außengelände
Dauer: 45–60 Minuten
Gruppengröße: max. 10 Kinder
Material: 2 Seile, das Spiel „Ratz Fatz in Bewegung"

Anleitung: Für diese Übung stellen sich die Kinder hinter einem ausgelegten Seil auf einer Seite des Bewegungsraumes auf. Das ausgelegte Seil stellt den Startpunkt dar. Das zweite Seil wird auf der gegenüberliegenden Seite ausgelegt. Anschließend erhalten die Kinder die Bodenplatten aus dem Spiel „Ratz Fatz in Bewegung". Der Erzieher liest nun die Geschichte zu dieser Übung vor. Immer wenn ein Begriff vorgelesen wird, der als Motiv auf einer der Bodenplatten abgebildet ist, müssen die Kinder „Stopp!" rufen. Sie dürfen sich kurz besprechen und legen dann die entsprechende Bodenplatte hinter das ausgelegte Seil. Das erste Kind darf sich jetzt auf die Bodenplatte stellen. Nun liest der Erzieher weiter. Bei dem nächsten Begriff rufen die Kinder erneut „Stopp!", suchen die entsprechende Bodenplatte aus und geben diese an das Kind weiter, das bereits auf der ersten Bodenplatte steht. Dieses Kind legt dann die Bodenplatte in Schrit-

Abb. 4: Die Kinder sind schon beinahe in der Grundschule angekommen

tentfernung vor sich auf den Boden und wechselt auf die zweite Platte. Dort angekommen kann sich das nächste Kind auf die erste Bodenplatte stellen. Dieser Vorgang wiederholt sich so lange, bis alle Kinder auf den Bodenplatten unterwegs sind und letztendlich alle Kinder hinter dem Seil auf der gegenüberliegenden Seite angekommen sind.

Hinweis: Die Geschichte enthält mehr Begriffe von Motiven, als Kinder an der Übung teilnehmen sollen. Da die Kinder nicht noch einmal von den Bodenplatten zurück zum Ausgangspunkt gehen dürfen, müssen sie daran denken, dass sie die zur Verfügung stehenden Bodenplatten mit auf den Weg nehmen, um das gegenüberliegende Ziel erreichen zu können. Wenn das Spiel „Ratz Fatz in Bewegung" nicht in der Kita vorhanden ist, können auch entsprechende Motivkarten in DIN-A4-Größe selbst erstellt werden.

Geschichte: Hallo liebe Vorschulkinder. Ich möchte heute einmal mit euch über einen ganz besonderen Tag reden. Das ist ein Tag, auf den ihr euch bestimmt schon richtig freut. Habt ihr eine Idee, von welchem Tag ich spreche? Richtig! Ich spreche von eurem ersten Schultag. Von diesem Tag an werdet ihr Grundschulkinder sein und euch jeden Tag auf den Weg zu eurer Schule machen. Den Weg von eurem zu Hause zu eurer Schule nennt man auch den Schulweg.

Viele Kinder werden heutzutage mit dem *Auto* zur Schule gefahren. Manche Kinder kommen auch mit dem *Bus* zur Schule. Wenn du in ein paar Jahren in der dritten oder vierten Klasse bist, dann darfst du vielleicht sogar mit dem *Fahrrad* zur Schule fahren.

In der Schule selbst hast du Unterricht in einem Klassenzimmer. Dort wirst du einige Zeit verbringen. Zum Lernen setzt du dich an einen festen Platz. Dein Platz besteht aus einem *Tisch* und einem *Stuhl*. Dort kannst du rechnen, schreiben uns lesen lernen. Wenn du lesen lernen willst, dann brauchst du dafür natürlich ein *Buch*. Aber auch für andere Fächer benötigt man Bücher. Da gibt es z.B. noch das Fach Mathematik, damit du rechnen lernst. Oder auch Sachunterricht, in dem du etwas über Länder und Tiere lernst. Beispielsweise lernst du dort, wieso eine *Kuh* so lustig kaut oder wie die Körpersprache bei *Hunden* funktioniert.

Jedes Schulkind, dass fleißig lernt, hat auch irgendwann eine Pause. In der Pause kannst du mit deinen Schulfreunden *Fußball* spielen, oder auch einfach nur dein Pausenfrühstück essen. Ein kleiner Tipp von mir: Ein *Apfel* als Pausenfrühstück gibt dir wieder ganz viel Kraft und Energie, um nach der Pause wieder weiter lernen zu können.

Am Anfang kann dir ein Schultag schon einmal ganz schön lang vorkommen, und wenn du nach Hause kommst, bist du vielleicht total müde und möchtest dich am liebsten direkt in dein *Bett* legen. Aber keine Sorge, du wirst dich schnell an die Schultage gewöhnen und dann macht dir so ein anstrengender Schultag gar nichts mehr aus.

So, genug von der Schule geredet. Noch ist es ja nicht soweit und ein paar Überraschungen soll der erste Schultag auch noch für euch bereithalten. Ich wünsche euch noch eine schöne Vorschulzeit und eine ganz besonders schöne Schulzeit. Vielleicht sehen wir uns einmal wieder, wenn du schon ein Schulkind bist. Dann kannst du mir erzählen, was du schon alles gelernt und erlebt hast.

Blind schleichen

Wo: Außengelände
Dauer: 45–60 Minuten
Gruppengröße: max. 10 Kinder, Partnerübung
Material: eine Augenbinde, ein 50cm langes Seil, 4 Markierungshütchen

Anleitung: Diese Übung ist eine Aufgabe, die als Paar gelöst wird. Ein Kind erhält von der Erzieherin die Augenbinde und setzt sich diese auf. Das sehende Kind hat nun die Aufgabe, das blinde Kind einmal über das Gelände der Kita zu führen. Dabei wird die Strecke in drei Abschnitte unterteilt. Das erste Hütchen ist der Ausgangs- und Endpunkt, die drei weiteren die jeweiligen Wechselstationen. Zunächst wird das blinde Kind an der Hand geführt. Im nächsten Streckenabschnitt stellt sich das sehende hinter das blinde Kind und legt diesem die Hände auf die Schulter. Über den Druck auf die Schultern des blinden Kindes wird dieses nun gesteuert. Im dritten Streckenabschnitt nimmt jedes Kind ein Ende eines 50cm langen Seils in eine Hand. Nun erfolgt die Führung mit Hilfe des gespannten Seils. Wenn die gesamte Strecke zurückgelegt wurde, wechseln die Partner die Rollen.

Hinweis: Diese Übung sollte erst dann gespielt werden, wenn die Kinder bereits Vorerfahrungen in Team- und Kooperationsspielen haben. Bevor gespielt wird, muss die Erzieherin den Kindern deutlich machen, dass man als sehendes Kind gut auf seinen Partner aufpassen muss. Natürlich begleitet die Erzieherin das Paar während der Übung in einem gewissen Abstand, sodass sie bei potentiellen Gefahren jederzeit eingreifen kann. Wenn die Einrichtung nicht über einen geplasterten Weg im Außengelände verfügt, kann auch mit Hilfe von Markierungskegeln eine Strecke abgesteckt werden. In dem Fall sollte die Erzieherin jedoch vor Spielbeginn einmal die Strecke mit den Paaren ablaufen. Das gibt den Kindern Sicherheit und verringert das Aufkommen von Ängsten.

Geschichte: Paul und David wandern durch das hohe Gras einer Wiese direkt hinter ihrem Lieblingsspielplatz am Rand ihres Heimatdorfes. Die zwei Freunde machen solche Wanderungen durch die Wiesen öfter, nachdem sie einige Zeit auf dem Spielplatz gespielt haben und nicht mehr so recht wissen, was sie als Nächstes unternehmen sollen.

Nachdem sie eine Weile so gewandert sind, bleibt Paul ganz plötzlich stehen. „Hörst du das auch?“, fragt er seinen Freund. „Nein, was meinst du?“, antwortet David. „Na, dieses Rascheln?“ David spitzt die Ohren, doch er kann absolut gar nichts hören. „Ich glaube, du hörst Gespenster“, scherzt David, der sich ein kleines Lachen nicht verkneifen kann. „Doch, im Ernst, da raschelt etwas im Gras. Lass uns einmal nachschauen, was das ist.“ David folgt Paul, auch wenn er nicht glaubt, dass sie irgendetwas Spannendes entdecken werden.

„Da, hab ich es doch gewusst!“, ruft Paul urplötzlich und winkt David zu sich herüber. „Was hast du denn entdeckt? Vielleicht eine Riesenschnecke?“, fragt David mit einem Kichern in der Stimme. „Nein, viel besser!“, antwortet Paul. „Es ist eine Blindschleiche!“ „Eine Blindschleiche?“, antwortet Paul mit aufgeregter Stimme und flitzt in Windeseile hinüber zu Paul. „Lass mich einmal schauen! Ich habe noch nie eine Blindschleiche gesehen.“

Die beiden Jungs stehen im hohen Gras und schauen sich die Blindschleiche genau an. Paul hat früher schon einmal eine Blindschleiche gesehen, ist jedoch immer wieder aufs Neue von dieser Echsenart fasziniert. „Wie das wohl so ist, wenn man blind ist und sich nicht mit den Augen orientieren kann?“, fragt sich David, als er die Blindschleche neugierig betrachtet. „Eine Blindschleiche ist doch nicht blind“, erwidert Paul. „Ihren Namen hat sie daher, dass sie so eine blendende Schuppenhaut hat und so elegant daherschleicht.“ „Woher weißt du das denn?“, fragt David verwundert. „Na ja, ich interessiere mich eben für Echsen und da habe ich schon einmal etwas über Blindschleichen gelesen“, antwortet Paul stolz. „Trotzdem würde es mich einmal interssieren, wie es sich wohl so anfühlt, wenn man nicht sehen kann und in der Natur seinen Weg finden muss“, sagt David mit nachdenklicher Stimme. „Das ist bestimmt nicht so einfach und fühlt sich sicherlich sehr seltsam an.“ „Na, dann lass es uns doch herausfinden!“, ruft David und strahlt genauso, wie er immer strahlt, wenn er eine super Spielidee hat. „Wie sollen wir das denn machen?“, fragt David seinen Freund verwundert. „Komm mit, dann wirst du es schon sehen!“, ruft Paul. „Ich habe eine prima Idee, wie wir erleben können, wie es sich anfühlt, blind durch die Natur zu schleichen!“

Das Huhn auf der Mauer

Wo: Gruppenraum
Dauer: 45–60 Minuten
Gruppengröße: max. 4 Kinder
Material: das Spiel „Wackelmauer“

Anleitung: Das Spiel „Wackelmauer“ wird auf einem Tisch aufgebaut. Die Kinder erhalten nun die Aufgabe, eine Einschätzung abzugeben, wie viele Steine sie aus der Mauer ziehen können, ohne dass diese einstürzt und das Huhn herunterfällt. Die Erzieherin notiert diese Zahl auf einem Blatt Papier. Anschließend sollen die Kinder gemeinsam überlegen, welche Steine sie der Reihe nach aus der Mauer ziehen und diese abwechselnd entfernen. Jedes Kind muss mindestens einmal einen Stein aus der Mauer gezogen haben. Die Mauer darf erst einstürzen, wenn die von den Kindern eingeschätzte Zahl an Steinen erreicht ist. Stürzt sie früher ein, beginnt die Aufgabe von vorn. Wurde das selbst gesetzte Ziel erreicht, so kann in einer zweiten Runde versucht werden, eine höhere Anzahl an Steinen zu entfernen.

Hinweis: Dieses Spiel erfordert eine gute Absprache von den Kindern. Gleichzeitig fördert es das logische Denken. Die Erzieherin muss darauf achten, dass jedes Kind einen Vorschlag einbringen kann, wenn es dies möchte. Alternativ kann auch ein Jenga-Spiel genutzt werden, um eine Mauer oder einen Turm zu errichten, wenn das Spiel „Wackelmauer“ nicht in der Enrichtung vorhanden ist.

Geschichte: Heute ist ein friedlicher Sommertag. Die Vögel zwitschern und die Kühe stehen zufrieden auf ihrer Weide in der Nähe des Bauernhofes und fressen genüsslich das saftig grüne Gras. Am Rande der Weide steht eine Mauer. Diese Mauer ist schon ziemlich alt. Sie steht schon seit über 100 Jahren dort. Das sieht man der Mauer auch schon ein wenig an. Die einzelnen Steine sind teilwiese vom Moos bedeckt und einige Steine haben sogar schon deutlich erkennbare Risse. Manch einer würde sagen, dass die Mauer alles Andere als hübsch aussieht und man sie besser abreißen und eine neue bauen sollte. Das ist aber nicht so einfach, denn einer gefällt die Mauer besonders gut. Und das ist das Huhn Elfriede.

Das Huhn Elfriede ist schon ein recht altes Huhn. Vor vielen Jahren hat sie die Mauer für sich entdeckt. Ja, man kann sagen, dass die Mauer ihr absoluter Lieblingsplatz ist. Vielleicht sogar so etwas wie ihr zu Hause. Egal zu welcher Tageszeit man an der Mauer vorbei kommt, Elfriede sitzt so gut wie immer darauf.

Plötzlich kommt mit flottem Schritt die Henne Olga angerannt. Sie sieht ziemlich aufgeregt aus, als sie an der Mauer ankommt und hinauf zu Elfriede schaut. „Elfriede, Elfriede!“, ruft sie völlig außer Atem. „Wie gut, dass man immer weiß, wo du zu finden bist! Hast du schonmal Richtung Westen in den Himmel geschaut?“ „Nein, wieso sollte ich?“, fragt Elfriede. „Ist ja typisch für dich. Wenn du auf deiner Mauer sitzt, bekommst du um dich herum nichts mehr mit.“ Olga verdreht die Augen. Dieses Verhalten kennt sie von Elfriede nur zu gut. „Wenn du dich zwischendurch mal umschauen würdest, dann hättest du gesehen, dass sich ein Sturm nähert!“ Erst jetzt bemerkt Elfriede den aufgebrachten Ton in Olgas Stimme. Sie hebt den Kopf und schaut in Richtung Westen. Und in der Tat, im Westen ist der Himmel voll mit dicken dunklen Gewitterwolken. „Du hast recht“, sagt Elfriede immer noch mit sehr entspannter Stimme. „Da könnte tatsächlich von Westen ein richtiger Sturm aufziehen.“ Olga kann es nicht glauben. Wie kann Elfriede in Erwartung eines Sturmes immer noch so ruhig bleiben? „Komm Elfriede, lass uns schnell von hier verschwinden! Bevor der Sturm kommt, sollten wir in unserem Hühnergehege sein. Dort sind wir sicher.“ Olga dreht sich bereits um und will in Richtung Hühnergehege losrennen, als Elfriede ihr antwortet. „Geh du ruhig zurück, ich bleibe hier auf meiner Mauer und passe auf, dass der Sturm der Mauer nicht gefährlich wird.“ Olga traut ihren Ohren nicht. Hat Elfriede gerade tatsächlich gesagt, dass sie bei der Mauer bleiben will? „Von mir aus, wenn du unbedingt auf deiner Mauer

Abb. 5: Wird die Mauer den Sturm wohl überstehen?

hocken bleiben willst, dann bleib halt hier. Ich werde mich auf alle Fälle in Sicherheit bringen", antwortet Olga noch, bevor sie im Sauseschritt zurück zum Gehege rennt.

Elfriede jedoch bleibt auf ihrer Mauer hocken. Die Gewitterfront kommt immer näher und so langsam nimmt auch der Wind an Geschwindigkeit zu. Es wird immer windiger und windiger. Plötzlich fängt es an zu regnen. Erst leicht und dann immer stärker. Auch der Wind baut sich langsam zu einem Sturm auf. Auf der Mauer trotzt Elfriede den Naturgewalten. Der Sturm ist mittlerweile schon so stark, dass einige der Steine in der Mauer zu wackeln beginnen. Man könnte meinen, dass Elfriede es nun langsam mit der Angst zu tun bekommen würde. Aber nein, Elfriede fühlt sich auf ihrer Mauer sicher, da hat die Angst keine Chance.

Plötzlich kommt eine ganz besonders starke Windböe auf die Mauer zugeweht und der erste Stein fällt aus der Mauer heraus. Wie gesagt, die Mauer ist ja sehr alt und hat schon deutlich bessere Zeiten erlebt. Und da, noch ein Stein fällt aus der Mauer. Und noch ein dritter. So langsam wird es auf der Mauer doch ein wenig wackelig. Aber Elfriede sitzt nach wie vor unerschocken auf ihr und denkt nicht im Traum daran, herunterzukommen. Und so geht es noch eine ganze Weile weiter. Immer wieder fällt ein Stein heraus und hinterlässt ein Loch in der Mauer.

Nach ungefähr einer Stunde beruhigt sich das Wetter wieder. Der Wind wird weniger und auch der Regen hat bereits aufgehört. Als so langsam die Sonne wieder am Himmel erscheint, kommt ein ganzer Hühnertrupp in Richtung Mauer marschiert. Allen voran Olga, die sich schon ein wenig Sorgen um ihre Freundin Elfriede macht. Doch als sie an der Mauer ankommen, staunen sie nicht schlecht. Elfriede sitzt nach wie vor auf der Mauer und lässt sich von den Sonnenstrahlen ihr Federkleid trocknen. „Was schaut ihr denn so?“, fragt Elfriede die versammelte Hühnerschar. „Habt ihr etwa noch nie ein Huhn auf einer Mauer sitzen gesehen?“ Natürlich haben sie das, aber wenn Efriede die Mauer so sehen könnte wie ihre Hühnerfreunde, dann hätte sie diese Frage vermutlich nicht gestellt. Denn durch den Sturm sind so viele Steine aus der Mauer herausgefallen, dass sie aussieht wie ein Stück Schweizer Käse: voller Löcher. „Nein Elfriede, alles in bester Ordnung!“, ruft ihr Olga zu. Und in dem Moment beginnt die Hühnerschar, laut zu lachen an. Aber sie lachen Elfriede nicht etwa aus. Nein, ganz im Gegenteil. Es ist ein Lachen der Erleichterung darüber, dass ihrer Freundin Elfriede nichts passiert ist. Und wer weiß, vielleicht freuen sich all die Hühner auch für die alte Mauer. Denn was wäre das für ein trauriger Anblick, wenn die schöne alte Mauer nicht mehr an der Weide stehen würde.

Das kleine Sandkorn

Wo: Sandkasten auf dem Außengelände
Dauer: 45–60 Minuten
Gruppengröße: max. 10 Kinder
Material: ein 60cm bis 80cm langer Holz-/Kunststoffstab, eine Schaufel pro Kind

Anleitung: Die Gruppe und die Erzieherin treffen sich an einem zentralen Platz in der Nähe des Sandkastens auf dem Außengelände. Dort erklärt die Erzieherin die Aufgabe. Vorab wurde der Stab so in den Sand gesteckt, dass ca. 50cm herausragen. Die Kinder sollen nun gemeinschaftlich so viel Sand auf und um den Stab herum schaufeln, bis dieser vollständig vom Sand bedeckt ist und dadurch ein Sandberg entsteht.

Hinweis: In der Regel wird der Sand ab einer bestimmten Höhe beginnen, wieder herunterzurieseln. Viele Gruppen kommen dann auf die Idee, den bereits entstandenen Sandberg mit Hilfe ihrer Schaufeln oder auch mit den Händen platt zu drücken um so für mehr Stabilität zu sorgen. Auch der Einsatz von Wasser wäre denkbar. Kommen die Kinder nicht von alleine auf die Idee oder kommt zu große Frustration in der Gruppe auf, so kann eine dieser Vorgehensweisen als Hilfestellung durch die Erzieherin vorgeschlagen werden.

Geschichte: Heute erzähle ich euch die Geschichte von einem kleinen Sandkorn. Das kleine Sandkorn lebt glücklich und zufrieden im Sandkasten eines Kindergartens, ganz genauso wie die vielen kleinen Sandkörner hier in unserem Sandkasten. Das kleine Sandkorn ist ein sehr fröhliches Sandkorn, spielt ab und zu kleine Streiche und hat viele gute Freunde.

Doch das kleine Sandkorn hat eine Schwäche: Es ist unglaublich neugierig. Es will immer alles wissen. Ständig stellt es den anderen Sandkörnern Fragen, wie zum Beispiel: „Warum ist der Himmel blau?“ oder „Wo geht die Sonne hin, wenn es dunkel wird?“. Das ist für die anderen Sandkörner manchmal ganz schön anstrengend, denn nicht jedes Mal können sie die Fragen des kleinen Sandkorns beantworten.

Eine Frage beschäftigt das kleine Sandkorn schon seit einer halben Ewigkeit und bisher hat ihm kein anderes Sandkorn diese Frage beantworten können: Wie sieht die Welt hinter dem Holzbalken rings um den Sandkasten aus? Das kleine Sandkorn ist schon viele Male an die verschiedenen Enden des Sandkasten gewandert und hat versucht, über den Holzbalken hinweg zu schauen. Doch das Sandkorn ist einfach viel zu klein, um über den Holzbalken hinweg schauen zu können. Selbst wenn das kleine Sandkorn Anlauf nimmt und kurz vor dem Holzbalken hoch springt, reicht es nicht aus, um wenigstens einen kurzen Blick in die fremde Welt dahinter erhaschen zu können.

Es ist Dienstag und das kleine Sandkorn wandert wieder einmal an ein Ende des Sandkastens. Dort überlegt es, was es anstellen muss, um endlich einmal über den Holzbalken schauen zu können. Da hat es auf einmal eine Idee. Wenn ihm seine Freunde helfen, lässt sich vielleicht eine Lösung finden. Das kleine Sandkorn zögert nicht lange und macht sich auf den Weg zu seinen drei besten Freunden. Bei ihnen angekommen bittet das kleine Sandkorn seine Freunde, ihm dabei zu helfen, über einen der Holzbalken zu schauen. Da seine Freunde das kleine Sandkorn gut kennen und genau wissen, dass es sowieso keine Ruhe gibt, bis sie ihm helfen, stimmen sie sofort zu. Außerdem helfen sich gute Freunde immer gegenseitig, egal wie seltsam der Anlass auch sein mag.

Es dauert nicht lange, dann sind die vier Sandkörner bei einem der Holzbalken angekommen. „Und wie geht es nun weiter?“, fragt eines der Sandkörner. Die vier Freunde schauen sich ratlos an. Sie grübeln und grübeln was das Zeug hält. Plötzlich hat das kleine Sandkorn eine Idee: „Wie wäre es, wenn wir uns aufeinander stellen, ähnlich wie bei einer Räuberleiter? Dann bilden wir einen kleinen Turm, und wenn ich ganz oben stehe, kann ich vielleicht über den Holzbalken schauen.“ Die drei Sandkörner schauen sich gegenseitig an und stimmen kurz daruf dem Vorschlag ihres Freundes zu. Das stärkste Sandkorn stellt sich als erstes dicht vor dem Holzbalken auf. Dann klettert das zweite Sandkorn auf das erste, dicht gefolgt vom dritten Sandkorn. Als die drei Sandkörner so

Abb. 6: Der Sandberg ist fast fertig geschaufelt

übereinander stehen, schaut das kleine Sandkorn etwas skeptisch drein. Denn der Sandkornturm, den seine drei Freunde bilden, sieht irgendwie ganz schön wackelig aus. „Egal!", denkt sich das kleine Sandkorn und klettert los. Doch kaum ist es oben auf dem dritten Sandkorn angekommen, beginnt der Turm zu wackeln und stürzt ein. „So wird das wohl doch nichts", sagt einer der Freunde. „Ein Turm aus uns vieren ist einfach viel zu wackelig." Doch unser kleines Sandkorn hat schon wieder eine neue Idee. „Wenn wir alle unsere Freunde, Familien und Verwandten fragen und die auch wieder alle ihre Freunde, Familien und Verwandten fragen, ob sie uns helfen, dann müssten wir doch einen Turm hinbekommen, der stabil genug wird, oder?" Die drei Freunde machen riesige Augen. „Das wird dann aber kein Turm, sondern eher ein Hügel!", antwortet einer der Freunde. „Ich würde eher sagen, dass es ein Berg wird. Ein Sandberg quasi", sagt ein anderer Freund. „Genau!", ruft das kleine Sandkorn. „Wir bilden einen Sandberg, dann wird es funktionieren. Ich bin mir absolut sicher!"

Also rennen die vier Sandkörner los zu all ihren Freunden, Familien und Verwandten und bitten sie um ihre Hilfe. Und was soll ich euch sagen, alle waren bereit, dem kleinen Sandkorn zu helfen. Und zwar nicht nur, weil sie wissen, dass das kleine Sandkorn keine Ruhe geben wird, bis es die gewünschte Hilfe erhält. Wie sich heraus stellt, wollen nämlich ganz viele der Freunde, Familien und Verwandten schon lange wissen, wie die Welt hinter dem Holzbalken aussieht.

Nach einer Weile ist es dann soweit. Unendlich viele Sandkörner sind zum Rand des Sandkastens gekommen. Das kleine Sandkorn freut sich riesig und erklärt, wie der Plan aussieht: „Wir müssen uns alle zu einem Sandberg aufbauen. Dann kann ich am Ende ganz hinauf klettern und endlich für uns alle sehen, wie die Welt hinter dem Holzbalken aussieht." Kaum hat das kleine Sandkorn die Vorgehensweise erklärt, legen die Sandkörner los. Sie klettern so lange aufeinander, dass zunächst ein kleiner Sandhügel entsteht der, je mehr Sandkörner hinauf klettern, immer größer und größer wird, bis das kleine Sandkorn schließlich vor einem riesigen Sandberg steht. „Nun mach schon!", ruft einer seiner Freunde. „Auf was wartest du? Kletter hinauf!" Das lässt sich das kleine Sandkorn nicht zweimal sagen und klettert mit einem Affentempo den Sandberg hinauf. Es klettert so schnell, dass es nur wenige Minuten benötigt, bis es ganz oben angekommen ist. Das kleine Sandkorn schnauft vor Anstrengung, holt einmal tief Luft und schaut dann in Richtung des Holzbalkens. „Und, wie sieht es hinter dem Holzbalken aus?", ruft eines der Sandkörner von ziemlich weit unten. „Komm doch selbst herauf und sieh es dir an!", antwortet das kleine Sandkorn. „Diesen Anblick muss ein jedes Sandkorn selbst gesehen haben!"

Und so treffen sich die unendlich vielen Sandkörner noch viele Male am Rand des Sandkastens, bis irgendwann in weiter Zukunft endlich jedes Sandkorn einmal die Welt hinter dem Holzbalken gesehen hat.

Der kleine Esel Huckepack

Wo: Gruppenraum
Dauer: 45–60 Minuten
Gruppengröße: max. 10 Kinder
Material: das Gesellschaftsspiel „Packesel"

Anleitung: Das Gesellschaftsspiel „Packesel" ist recht bekannt und in vielen Einrichtungen vorhanden. Die Erzieherin bereitet einen Tisch vor, an dem sie den Kindern die Aufgabe erklärt. Sie sollen gemeinsam so viele Stäbchen auf dem Rücken des Esels platzieren wie möglich. Dabei darf kein Stäbchen herunterfallen. Fällt ein Stäbchen herunter, so wird die bisher erreichte Stückzahl als Rekord notiert. In einer zweiten Runde sollen die Kinder dann versuchen, ihren Rekord zu brechen. Das Spiel ist beendet, wenn alle Stäbchen verbraucht wurden oder die Zeit für die Gruppenstunde abgelaufen ist.

Hinweis: Bei dieser Übung kann die Erzieherin die Gruppe vor Spielbeginn einschätzen lassen, wieviele Stäbchen sie glauben, erfolgreich auf dem Rücken des Esels ablegen zu können. Hier kann jedes Kind für sich eine Einschätzung abgeben, wie viele Stäbchen es schafft. Aus der Summe ergibt sich dann die zu erreichende Zahl für die Gruppe. In einer zweiten Runde kann die Selbsteinschätzung dann nach oben oder unten korrigiert werden und das Spiel beginnt von vorne.

Geschichte: Dies ist die Geschichte vom kleinen Esel Huckepack. Der kleine Esel Huckepack lebt zusammen mit vielen anderen Eseln auf einer grünen Weide. Diese Weide gehört einem Förster und grenzt unmittelbar an ein sehr großes Waldgebiet an. Ihr fragt euch jetzt bestimmt, wofür ein Förster so viele Esel benötigt. Nun, das ist schnell erklärt. Der Förster zieht jeden Tag mit seinen Eseln in den Wald um dort Baumstämme und Äste von gefällten oder umgestürzten Bäumen einzusammeln. Das Holz bringt er dann zu einer benachbarten Holzfabrik, die das Holz unter anderem für die Herstellung von Möbeln vorbereitet. Der Förster könnte natürlich auch einfach einen großen Traktor mit einem Anhänger benutzen, um das Holz einzusammeln und zu der Holzfabrik zu fahren. Doch der Förster ist schon recht alt und hält nicht viel von diesen modernen Traktoren. Er hat sein Holz schon immer mit Hilfe von Eseln eingesammelt und das soll sich bis zu seiner Rente auch nicht ändern.

Eines Morgens, nach einer sehr stürmischen Nacht, steht der Förster besonders früh auf, um sich gemeinsam mit seinen Eseln auf den Weg in den Wald zu machen. Er befürchtet, dass nach so einem Sturm besonders viele Äste von den Bäumen abgebrochen sind. Vermutlich sind auch einige Bäume umgestürzt und er muss dann überlegen, wann und wie er diese abtransportieren kann. Also steht er pünktlich mit den ersten Sonnenstrahlen am Zaun seiner Weide, wo die Esel schon voller Vorfreude auf ihn warten. Ihr müsst wissen, den Eseln macht diese Aufgabe sehr viel Spaß. Es ist für sie eine willkommene Abwechslung zu den eintönigen Tagen, an denen sie einfach nur so auf der Weide herumstehen.

„Da seid ihr ja schon alle", begrüßt er seine Esel, als er auf den Zaun zumarschiert. „Ich hoffe, ihr habt ausgeschlafen, denn heute haben wir vermutlich sehr viel zu tun." Es scheint so, als würden die Esel ihren Förster sehr gut verstehen, denn kaum hat er seinen Satz beendet ertönt ein buntes und etwas schräges „Iiiiaaaaa, Iiiiaaaaa". Der Förster versteht dies als Zustimmung und öffnet das Gatter zur Weide. Ein Esel nach dem anderen verlässt die Weide und stellt sich brav in einer Reihe auf dem Waldweg auf.

„Du nicht, kleiner Esel“, sagt der Förster zu dem kleinen Esel Huckepack, als dieser ebenfalls durch das Gatter zu den anderen Eseln gehen will. „Du bist doch viel zu klein und schwach, um uns bei dieser Arbeit helfen zu können.“ Der kleine Esel Huckepack bleibt sofort stehen. Schon wieder soll er nicht mitkommen? Und nur, weil er kleiner als die anderen Esel ist? Ihr müsst wissen, dass der kleine Esel Huckepack gerade mal eine Schulterhöhe von 90cm hat, während die anderen Esel alle ca. 140cm bis 160cm Schulterhöhe haben. „Mach dir doch einen schönen Tag“, sagt der Förster noch zu ihm. „Am späten Nachmittag sind wir zurück.“

Der kleine Esel Huckepack bleibt wie versteinert und mit traurigem Gesichtsausdruck stehen. Nie darf er mitkommen und bei der Arbeit im Wald helfen. Und das nur, weil ihn alle aufgrund seiner Größe für zu schwach halten. „Nun schau doch nicht so traurig“, sagt der Förster zu dem kleinen Esel und genau in diesem Augenblick kullert dem kleinen Esel Huckepack eine Träne über die Wange. „Oh nein, bitte weine doch nicht“, sagt der Förster nun mit erschrockener Stimme. „Ich kann keinen Esel weinen sehen. Das bricht mir das Herz.“ Der Förster überlegt noch einen Augenblick und schaut dabei in das traurige Gesicht des kleinen Esels. Plötzlich, und für den kleinen Esel vollkommen unerwartet, öffnet der Förster erneut das Gatter. „Also gut, komm mit uns mit. Vielleicht finden wir ja für dich eine leichtere Aufgabe.“ Und noch bevor der Förster das Gatter komplett geöffnet hat, springt der kleine Esel Huckepack bereits hindurch und rennt mit einem breiten Grinsen im Gesicht hinüber zu seinen Eselfreunden.

Der Förster und seine Esel müssen auch gar nicht lange in den Wald hinein marschieren, da stoßen sie auch schon auf eine Stelle mit einer Unmenge an abgebrochenen Baumästen und umgestürzten Bäumen. „Ach du heiliger Tannenzapfen!“, ruft der Förster entsetzt. „Hier hat sich der Sturm aber ganz schön ausgetobt. Da werden wir ja einiges an Arbeit vor uns haben.“ Der Förster fackelt auch nicht lange und beginnt, die ersten abgebrochenen Äste auf einen der Esel zu laden. Nach ein paar Minuten ist der erste Esel gepackt. Jetzt ist der zweite Esel an der Reihe und nach ihm der dritte Esel. Dies geht immer so weiter, bis schließlich alle Esel beladen sind. Alle, bis auf einen Esel. Richtig, unser kleiner Esel Huckepack steht noch auf dem Waldweg und rechnet nun fest damit, endlich einmal aktiv mit anpacken zu dürfen. „Also gut, kleiner Esel!“, ruft der Förster ihm zu. „Komm schon rüber. Jetzt wollen wir mal sehen, ob du uns tatsächlich eine Hilfe sein kannst.“

Der kleine Esel Huckepack wartet nicht lange und eilt hinüber zum Förster. Der nimmt ein paar kleineren Äste und stapelt diese auf dem Rücken des kleinen Esels. „So, das dürfte erst einmal reichen“, sagt er zu dem Esel. Der schaut verdutzt auf seinen Rücken und dreht dann seinen Kopf zurück in Richtung des Förster. „Iiiiiiaaaaa, Iiiiiiaaaaa!“, hallt es durch den

Abb. 7: Der kleine Esel Huckepack wird beladen

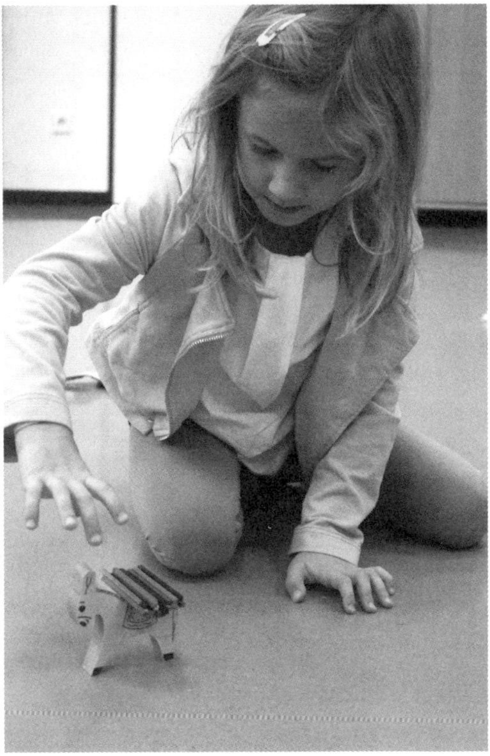

Wald. „Willst du etwa mehr Stöcke tragen oder wie habe ich dein Gemaule zu verstehen?“, fragt der Förster den kleinen Esel, der daraufhin doch tatsächlich mit dem Kopf nickt. „Also schön, wie du willst“, antwortet der Förster und stapelt immer mehr Äste auf dem Rücken des kleinen Esels. Der kleine Esel Huckepack beginnt mit der Zeit zwar, ein wenig zu schwitzen, doch er macht noch lange nicht schlapp. Auf einmal sagt der Förster mit einem überraschten Klang in der Stimme „Ja, wer hätte denn das gedacht? Du schaffst ja genauso viele Äste wie all die anderen Esel!“ Als der kleine Esel Huckepack das hört schaut er auf seinen Rücken und muss sich eingestehen, dass er selbst nicht geglaubt hätte, so viele Äste tragen zu können. Stolz hebt er seinen Kopf, dreht sich um zu seinen Eselfreunden und marschiert schnurstracks an den anderen Eseln vorbei in Richtung Waldrand, von dem sie hergekommen sind. Da muss der Förster lachen. „Das hättet ihr auch nicht gedacht, oder?“, fragt er seine Eselherde, die daraufhin ein buntes „Iiiaaa, Iiiaaa!“ ertönen lässt, dass man leicht auch als freudiges Lachen interpretieren kann.

Und so marschiert der Förster mit seiner Eselherde zurück zum Waldrand. Und allen voran, mit stolz erhobenem Kopf, der kleine Esel

Huckepack, der von nun an sicherlich immer mit in den Wald gehen darf, um dort den Förster bei seiner Arbeit zu unterstützen.

Der schiefe Turm von …

Wo: Spielteppich im Gruppenraum
Dauer: 45–60 Minuten
Gruppengröße: max. 10 Kinder
Material: pro Kind 2 bis 3 Quaderbausteine aus Holz

Anleitung: Die Erzieherin legt vor Spielbeginn mit 10 bis 15 Quaderbausteinen einen Kreis auf den Spielteppich. Dabei sollen die Steine auf der schmalen Langseite stehend ausgelegt werden. Anschließend holt sie die Gruppe zu sich auf den Teppich und bittet die Kinder, sich rund um den Kreis aus Quaderbausteinen zu setzen. Jedes Kind erhält nun zwei bis drei Quaderbausteine, die es auf dem bereits vorhandenen Kreis ablegen soll. Dabei sollen die Quaderbausteine auch von den Kindern auf der schmalen Langseite stehend abgelegt werden. Durch das Ablegen entsteht so mit der Zeit ein Turm. Ziel des Spieles ist es, dass alle Kinder ihre Quaderbausteine korrekt abgelegt haben und kein Quaderbaustein heruntergefallen ist. Fällt jedoch ein Quaderbaustein herunter, so beginnt die Aufgabe von vorn.

Abb. 8: Hier entsteht der schiefe Turm von …?

Hinweis: Bei dem Titel der Übung/Geschichte soll der Ortsname der Kita eingefügt werden. Die meisten Kinder werden die Quaderbausteine schon einmal während ihrer Kitazeit in dieser Form abgelegt haben und daher die Aufgabe vermutlich als nicht besonders schwer empfinden. Daher sollte definitiv bei einem Fehlversuch von vorn begonnen werden, um den Herausforderungscharakter der Aufgabe aufrecht zu erhalten. Wie die Kinder die Quaderbausteine aufeinander stapeln, sollte ihnen selbst überlassen werden. In der Regel werden sie jedoch die Quaderbausteine versetzt übereinander stapeln, sodass ein neuer Quaderbaustein immer auf zwei unteren Quaderbausteinen aufliegt.

Geschichte: In Italien gibt es eine sehr bekannte Stadt namens Pisa. Weiß jemand von euch, warum diese Stadt so bekannt ist? Richtig, die Stadt Pisa ist so bekannt, weil es dort einen sehr berühmten Turm gibt. Den Turm von Pisa. Doch eigentlich kennen die meisten Menschen diesen Turm noch unter einem anderen Namen, nämlich unter dem Namen „Der schiefe Turm von Pisa“. Und warum heißt dieser Turm wohl „Der schiefe Turm von Pisa“? Richtig, natürlich weil er tatsächlich seit vielen Jahren schief auf dem Domplatz in Pisa steht.

Damals im Jahr 1173, als mit dem Bau des Turms begonnen wurde, war jedoch nicht geplant, dass der Turm schief steht. Eigentlich sollte der Turm genauso gerade in die Höhe gebaut werden wie jeder andere Turm auch. Doch damals hatte man übersehen, dass der Boden, auf dem der Turm gebaut wurde, nicht stabil genug war und dem Gewicht eines Turms nicht standhalten konnte. Und so kippte der Turm während der Bauarbeiten des dritten Stocks zur süd-östlichen Seite.

Erst 100 Jahre später setzte man die Bauarbeiten an dem Turm fort. Immer wieder hat man versucht, den Turm gerade weiterzubauen, jedoch ohne Erfolg. Erst nach 177 Jahren wurde der Turm, so wie wir ihn heute kennen, fertig gestellt. Seit dem Jahr 1372 steht er nun so schief da und hat die Stadt Pisa weltberühmt gemacht.

Jetzt denkt ihr vielleicht, dass der Architekt, der den Turm damals geplant hat, sich vor Baubeginn nicht genug über den Boden informiert hat. Womöglich glaubt ihr auch, dass sich die Bauarbeiter damals nicht genügend angestrengt haben oder als Team einfach nicht gut zusammengearbeitet haben. Ich würde sagen, dass die Menschen damals einfach nur Pech hatten und es einfach noch nicht besser wussten. Denn schließlich hatte man damals auch noch nicht solche technischen Geräte wie wir heutzutage, die bei der Planung von Gebäuden große Hilfe leisten. Aber wisst ihr was, ich glaube, ich kann euch einmal zeigen, dass es gar nicht so einfach ist, im Team an einem Turm zu bauen. Lasst uns doch gleich damit beginnen, euren Turm zu bauen, den Turm von …!

Die ängstliche Murmel

Wo: Außengelände
Dauer: 45–60 Minuten
Gruppengröße: max. 10 Kinder, Partnerübung
Material: je Zweierteam eine Papp- oder Kunststoffröhre mit je 1,5m bis 2m Länge und ca. 10cm Durchmesser, eine große Murmel

Anleitung: Die Aufgabe für die Kinder besteht darin, eine große Murmel in einer Röhre über eine Distanz von ca. 15m bis 20m zu balancieren, ohne dass die Murmel aus der Röhre herausrollt und auf den Boden fällt. Dabei hält jeweils ein Kind ein Ende der Röhre in der Hand. Die Öffnung der Röhre darf während des Transports nicht zugehalten werden. Fällt die Murmel zwischendurch herunter, müssen die beiden Partner von vorne beginnen.

Hinweis: Wenn die Übung mit einer Glasmurmel durchgeführt wird, sollte die zurückzulegende Strecke idealerweise über eine Wiese führen, da die Murmeln bei Aufprall auf Pflastersteinen oder vergleichbarem Untergrund häufig splittern. Wenn kein Wiesenstück zur Verfügung steht, kann anstelle einer Murmel auch ein Kicker- oder Tischtennisball benutzt werden. Allerdings wird die Übung durch die Verwendung einer dieser beiden Ballarten auch etwas leichter, da deren Gewicht geringer ist und dadurch ein anderes Rollverhalten in der Röhre entsteht.

Geschichte: Kennt ihr schon die Geschichte von der ängstlichen Murmel? Diese Murmel versteckt sich an allen möglichen Orten, damit sie nicht mit Kindern spielen muss. Besonders gerne versteckt sie sich auf dem Boden unter einem Regal, ganz unten in irgendwelchen Spielkisten oder in Pappröhren, die irgendwo in einer Ecke verstauben.

Doch die Murmel war nicht immer so ängstlich. Früher hat sie sehr gerne mit Kindern gespielt und von dem Hin- und Herrollen gar nicht genug bekommen können. Das hat sich erst geändert, als der kleine Junge, dem sie gehörte und dessen ganzer Stolz sie war, eines Tages bei einem Klickerturnier gegen einen anderen Jungen verlor und die Murmel ihren Besitzer wechseln musste. Dieser andere Junge hat eine sehr wilde Art, mit Murmeln zu spielen. Er klickert immer ganz fest und mit ganz viel Schwung, ohne darauf Rücksicht zu nehmen, ob seine Murmeln dabei beschädigt werden.

Eines Tages nimmt der Junge seine Murmeln mit in den Kindergarten, als dort wieder Spielzeugtag ist. An Spielzeugtagen dürfen die Kinder ein Spielzeug von zu Hause mitbringen, um gemeinsam mit ihren Freunden mit diesem Spielzeug zu spielen.

Als der Junge gerade zusammen mit seinem Freund eine wilde Klickerpartie auf dem Spielteppich spielt, passiert es. Die Murmel wird von ihm so fest gegen eine andere Murmel geklickert, dass sie aneinander abprallen und dabei sogar eine kleine Ecke von der Murmel absplittert. Das tut der Murmel natürlich ganz schön weh und sie entscheidet sich in diesem Moment, in die hinterste Ecke unter ein Regal zu rollen, wo der Junge sie unmöglich wiederfinden kann. Seitdem ist die Murmel so ängstlich und vermeidet es, mit Kindern zu spielen.

Eines Tages, als sich die ängstliche Murmel gerade unter einer der Pappröhren in der Ecke versteckt, tauchen Lisa und Leon, die Zwillinge der Löwengruppe, auf, um sich ein Spiel mit den Pappröhren auszudenken. Als Leon eine der Röhren greift, bemerkt Lisa sofort die Murmel, die aus der Pappröhre herausrollt. Die ängstliche Murmel beginnt zu zittern, denn sie befürchtet, dass die beiden Kinder nun mit ihr spielen wollen und das bereitet ihr große Angst. „Hey Leon, schau dir mal die Murmel an, die da aus der Röhre heraus gerollt kommt“, sagt Lisa zu ihrem Bruder. „Findest du nicht auch, dass sie irgendwie ängstlich aussieht?“ Leon kniet sich auf den Boden und schaut sich die Murmel aus der Nähe an. „Du hast Recht“, antwortet er. „Sie sieht nicht nur ängstlich aus, ich glaube, sie zittert sogar. Und das ist ja auch kein Wunder“, fährt Leon fort. „Bei ihr ist ja auch schon eine Ecke abgesplittert. Da muss aber jemand schon mal ganz schön wild mit ihr gespielt haben.“

Abb. 9: Die ängstliche Murmel wird mit Hilfe der Röhre transportiert

Als die Murmel das hört, beruhigt sie sich ein wenig, denn irgendwie scheinen diese beiden Kinder anders zu sein als der wilde Junge, dem sie eigentlich gehört. Die ängstliche Murmel fragt sich, was wohl nun als Nächstes passieren wird. „Ich habe eine Idee!“, ruft Lisa. „Wie wäre es, wenn wir uns ein Spiel ausdenken, bei dem sich die Murmel in der Pappröhre befindet?“ Leon schaut verdutzt drein. „Wie kommst du denn auf diese Idee?“, fragt er seine Schwester. „Na ja, wenn sich die Murmel schon in einer Pappröhre versteckt, scheint sie sich dort doch wohl und sicher zu fühlen. Warum also nicht mit ihr spielen, während sie sich in der Röhre befindet? Dann verliert sie vielleicht auch ihre Angst.“ Diese Logik leuchtet auch Leon ein. „O. K., einverstanden“, antwortet er. „Aber wie soll das Spiel denn dann funktionieren?“ „Komm mit, ich zeige es dir“, antwortet Lisa fröhlich. „Ich habe da schon die perfekte Idee!“

Die geheimen Bilder

Wo: Gruppenraum
Dauer: 45–60 Minuten
Gruppengröße: max. 2 Kinder
Material: Motivkarten, das Spiel „Aqua Doodle“

Anleitung: Bevor diese Übung im Kleinteam gespielt werden kann, bereitet die Erzieherin Motivkarten mit Bildern z. B. von Autos, Blumen, Häusern oder Ähnlichem vor. Jedem Kind wird eine Rolle zugeteilt: Die des Malers oder die des Ratenden. Dem Maler wird nun eine der Karten gezeigt. Dieser soll dann das darauf abgebildete Motiv auf der Malfläche nachmalen. Das ratende Kind soll dementsprechend raten, was sein Teampartner malt. Aber aufgepasst, die Zeit zum Raten ist begrenzt, denn das Bild verschwindet, sobald die Striche getrocknet sind. Nach der Hälfte der Bilder werden die Rollen im Kleinteam getauscht. Die Aufgabe ist gelöst, wenn mindestens die Hälfte der Bilder erraten wurde.

Hinweis: Bei den Motiven auf den Fotos sollte es sich um Dinge handeln, die den Kindern gut bekannt sind. Wenn das Spiel „Aqua Doodle“ nicht in der Einrichtung vorhanden ist, kann natürlich auch einfach auf einem Blatt Papier gemalt werden. Hier entfällt dann allerdings die zusätzliche Schwierigkeit durch das Verschwinden der Zeichnung. Wenn der Zeitfaktor jedoch erhalten bleiben soll, kann den Kindern ein Zeitlimit von zum Beispiel 30 Sekunden für das Raten gesetzt werden.

Geschichte: „Hey Phil, komm doch mal bitte rüber!“, raunt Eddie seinem Freund aus der Malecke im Flüsterton zu. Phil ist eigentlich gerade auf dem Weg zur Garderobe, um sich seine Schuhe anzuziehen. „Was gibt es denn?“, fragt Phil. „Ich bin gerade auf dem Weg nach draußen, um dort mit Jan im Sandkasten an unserer Burg weiter zu bauen.“ Aber Eddie antwortet nicht, sondern winkt Phil wie wild zu. Irgendwie scheint es dringend zu sein und so beschließt er, noch kurz bei Eddie nachzuschauen, was es denn da zu sehen gibt.

„Was ist los, Eddie?“, fragt Phil seinen Freund, der sich irgendwie seltsam verhält. „Ich habe hier etwas entdeckt, das glaubst du mir im Leben nicht“, antwortet Eddie, der weiterhin flüstert. „Und was soll das sein?“, fragt ihn Phil. „Etwa ein weißes Blatt Papier? Wow, du hast recht. So etwas Spannendes habe ich ja tatsächlich noch nicht gesehen.“ Phil muss lachen. Er ist es ja schon von Eddie gewohnt, dass er es gerne mal übertreibt, aber so extrem wie heute war es nun wirklich noch nie. „Wenn du endlich mal still bist, kann ich dir auch erklären, was ich entdeckt habe. Ich wette, dann wird dir dein dämliches Lachen ganz schnell vergehen.“ Phil hört sofort auf zu lachen, denn er merkt an dem Ton in Eddies Stimme, dass er es anscheinend wirklich ernst meint. „Na dann erzähl mal“, fordert Phil Eddie auf. „Ich wollte gerade beginnen, ein Bild für den Geburtstag von meiner Mama zu malen, da habe ich diesen Stift hier entdeckt.“ Eddie hält einen dicken blauen Stift leicht verdeckt in der Hand, sodass nur Phil ihn sehen kann. „Ist nicht dein Ernst? Ein dicker blauer Stift! So einen habe ich ja in meinem ganzen Leben noch nicht gesehen!“ Phil beginnt wieder zu lachen. Jetzt ist er sich sicher, dass Eddie ihn nur wieder veräppeln will. „Psst, nicht so laut“, flüstert Eddie jedoch zurück. Damit hat Phil nicht gerechnet und deshalb hört er auch sofort wieder mit dem Lachen auf. „Eddie, irgendwie bist du heute komisch. Das ist doch ein ganz normaler Stift.“ „Nein“, antwortet Eddie. „Das ist kein normaler Stift. Das ist ein Zauberstift.“ „Ein Zauberstift?“, kommt es so laut aus Phil heraus geschossen, dass man ihn eigentlich noch in der benachbarten Grundschule hätte hören können. „Sei doch endlich leise“, fordert Eddie seinen Freund nun etwas energischer auf. „Ich hätte es dir ja schon längst gezeigt, wenn du nicht die ganze Zeit lachen würdest. Hier, schau!“ Eddie nimmt den Stift und beginnt, etwas zu malen. Der Stift zeichnet Linien in blauer Farbe. „Was wird denn das?“, fragt ihn Phil. „Das wirst du gleich selbst erkennen können“, antwortet Eddie und konzentriert sich auf seine Zeichnung. „Ah, jetzt erkenne ich es. Es wird ein Au ..., hey!“, Phil reißt die Augen auf und kann nicht glauben, was er da gerade sieht. „Wo sind denn die blauen Striche hin?“ „Das wollte ich dir ja die ganze Zeit schon sagen“, antwortet Eddie. „Die Striche verschwinden nach einger Zeit einfach wieder. Hast du so etwas schon einmal gesehen?“, fragt er Phil. „Nein, noch nie! Wie geht denn das?“, wundert sich Phil und schaut sich den Stift nun ganz genau aus der Nähe an. „Ich habe keine Ahnung wie das funktioniert“, sagt Eddie mit Spannung in der Stimme. „Aber ich finde es richtig toll!" „Toll?", erwidert Phil mit Verwunderung. „Das ist doch sensationell! Der Hammer! Absoluter Wahnsinn!" Phil kriegt sich vor Begeisterung gar nicht mehr ein. Jetzt müssen die beiden Freunde gemeinsam laut lachen. „Aber dann wirst du mit dem Stift kein Bild für deine Mutter malen können", stellt Phil plötzlich fest. „Nein, das kann ich nicht", antwortet Eddie. „Aber ich habe eine tolle Idee für ein neues Spiel. Willst du wissen, wie es geht?" Phil reißt die Augen ganz weit auf. „Und wie ich es wissen will!", antwortet Phil wie aus der Pistole geschossen. „Für diese sensationelle Entdeckung kann meine Sandburg gerne warten."

Und so erklärt Eddie seinem Freund Phil die von ihm entwickelte Spielidee. Wollt ihr vielleicht auch wissen, was Eddie für eine Idee hat? Ich werde es euch gerne verraten.

Die heiße Kartoffel

Wo: Außengelände
Dauer: 45–60 Minuten
Gruppengröße: max. 10 Kinder
Material: 5 Schwungtücher mit den Maßen 127cm x 83cm, ein Tennisball

Anleitung: Jeweils zwei Kinder nehmen sich ein Schwungtuch und halten es an den Haltegriffen fest. Anschließend stellen sich die fünf Paare in einer Reihe nebeneinander auf, sodass eine Gasse zwischen ihnen entsteht. Nun legt die Erzieherin den Tennisball dem ersten Paar auf das Schwungtuch. Dieses Paar muss dann den Tennisball in das Schwungtuch des nächsten Paares weitergeben. Dabei darf der Ball nicht mit Händen berührt werden. Wurde der Ball übergeben, stellt sich das erste Paar am Ende der Reihe wieder an und das zweite Paar übergibt den Ball an das dritte Paar. Die Übung ist beendet, wenn die Gruppe eine vorab festgelegte Strecke auf dem Außengelände zurückgelegt hat, ohne dass der Ball heruntergefallen ist oder mit den Händen berührt wurde. Geschieht dies doch, so beginnt die Aufgabe erneut.

Hinweis: Zu Beginn der Übung müssen die Kinder eventuell erst einmal ein Gefühl dafür entwickeln, wie die Ballübergabe ohne Hände funktionieren kann. Ist eine Methode gefunden, werden die anderen Paare diese mit hoher Wahrscheinlichkeit kopieren. Je nach Vorerfahrung der Gruppe kann die Strecke unterschiedlich lang gestaltet werden. Dies führt dazu, dass die Kinder mehr oder weniger lange in ihrer Konzentrationsfähigkeit gefordert sind.

Geschichte: Hannah und Joel sind mit ihren Freunden und deren Familien an einem nahegelegenen See und machen ein Lagerfeuer. Sie wollen Kartoffeln grillen und Stockbrot backen. Hannah hat sich als einziges Kind dazu entschieden, eine Kartoffel zu grillen, denn Hannah liebt Kartoffeln mit Kräuterquark.

Nachdem Hannah ihre auf einen Stock gesteckte Kartoffel schon einige Zeit über das Lagerfeuer gehalten hat, möchte sie einmal testen, ob die Kartoffel schon gar ist. Doch genau in diesem Moment rutscht die Kartoffel am Stock herunter und stoppt erst wieder, als sie Hannahs Hand berührt. „Autsch! Ist das heiß!“, ruft Hannah und zieht dabei ein schmerzverzerrtes Gesicht. „Logisch!“, erwidert Joel. „Je länger du eine Kartoffel über ein Feuer hältst, desto heißer und weicher wird sie. Da ist es doch nur logisch, dass sie irgendwann an deinem Stock herunter rutscht.“ Hannah pustet auf ihre Hand, um die Finger zu kühlen. „Ich frage mich, wie ich meine Kartoffel gleich zum Tisch hinüber transportieren soll?“ „Warum?“, fragt Joel verwundert. „Du kannst dir doch einfach einen Teller holen, sie hier auf den Teller legen und dann den Teller rüber zum Tisch tragen.“ Hannah seufzt. „Das wäre schön, aber leider haben wir nicht genügend Teller und ich befürchte, das gerade alle Teller belegt sind.“ Joel schaut hinüber zum Tisch, der gut 20m vom Lagerfeuer entfernt steht. So wie es aussieht, hat seine Schwester recht. Nirgends sind noch Teller zu sehen. Doch Joel ist ein schlauer Junge. Er denkt kurz nach und schon hat er eine Idee. „Ich weiß, wie wir deine Kartoffel hinüber zum Tisch bekommen!“, ruft er mit fröhlicher Stimme. „Und wie?“, fragt ihn Hannah und wundert sich, warum ihr Bruder vor Begeisterung so strahlt. „Wir brauchen nur fünf von den Stoffservietten, die Frau Müller mitgebracht hat, und die restlichen Kinder. Du wirst sehen, bei meiner Idee wird sich niemand die Finger verbrennen und Spaß werden wir auch noch dabei haben.“ Hannah schaut verwundert drein. Sie kennt ihren Bruder und seine verrückten Ideen. Aber leider fällt ihr im Moment auch keine andere Lösung für ihr Problem ein und so antwortet sie: „Also gut, dann lass mal hören, wie du dir die ganze Aktion vorstellst. Ich bin schon sehr gespannt, wie das fuktionieren soll.“

Und ihr, seid ihr auch schon so gespannt wie Hannah? Na dann kommt einmal mit. Ich werde euch selbst zeigen, welche Idee Joel sich ausgedacht hat.

Ein Ballon fliegt in den Urlaub

Wo: Außengelände
Dauer: 45–60 Minuten
Gruppengröße: max. 10 Kinder
Material: ein Luftballon, 2 Markierungshütchen

Anleitung: Die Erzieherin sammelt die Kinder an einem Markierungshütchen auf dem Außengelände. Das zweite Markierungshütchen wird in einiger Entfernung aufgestellt. Die Kinder erhalten die Aufgabe, den Luftballon durch in die Luft Schlagen von einem Markierungshütchen zum anderen zu befördern. Dabei darf der Luftballon nicht zweimal hintereinander von demselben Kind in die Luft geschlagen werden, nicht festgehalten werden und er darf auch nicht den Boden berühren. Geschieht dies doch, beginnt die Aufgabe erneut von vorn.

Hinweis: Bei dieser Übung empfiehlt es sich, mit den Kindern vor Spielbeginn eine erste Strategie zu entwickeln. Nicht selten rennen die Kinder dem Lufballon geknubbelt und laut quiekend hinterher. Somit behindern die Kinder sich gegenseitig und die Übung ist zum Scheitern verurteilt. Bespricht die Erzieherin jedoch vorab die Vorgehensweise und die Kinder einigen sich auf eine erste Strategie, führt die Übung in der Regel auch zum Erfolg.

Geschichte: Es ist Anfang März und der Frühling steht schon vor der Tür. Für Balu, den Heißluftballon, bedeutet dies, dass die Saison für Ballonfahrten schon bald wieder beginnt. Dann heißt es wieder, tagein, tagaus mit abenteuerlustigen Menschen durch die Morgen- und Abendstunden zu fliegen. Versteht das bitte nicht falsch, Balu liebt das Fliegen, aber manchmal wäre er auch gerne alleine in der Luft, um die wunderschönen Sonnenauf- und –untergänge genießen zu können.

Pepe, sein Ballonpilot, weiß von dem Wunsch, den Balu schon seit einiger Zeit mit sich herumfliegt. Daher hat er sich den ganzen Winter über den Kopf zerbrochen und überlegt, wie er den Wunsch seines Heißluftballons erfüllen kann. Eines abends, vollkommen unerwartet, ist Pepe dann eine grandiose Idee gekommen. Er würde Balu vor Beginn der Flugsaison in den Urlaub schicken.

Damit die Idee auch in die Tat umgesetzt werden kann, benötigt Pepe ein Team von Helfern, die dafür sorgen, dass Balu immer dann, wenn er mit einem Sinkflug beginnen muss, wieder genügend Antrieb bekommt um weiterfliegen zu können. Pepe hat nicht viel Zeit benötigt, um genügend Helfer zu finden, denn Balu hat schon sehr viele Orte mit den Menschen bereist und ist überall sehr beliebt. Da ist es auch kein Wunder, dass viele

Menschen bereit waren zu helfen, um Balus Wunsch in Erfüllung gehen zu lassen.

Und heute ist es soweit: Balu soll endlich in den Urlaub fliegen. Als Pepe ihm davon erzählt hat, hat sich Balu so sehr gefreut, dass ihm sogar ein kleines Freudentränchen über den Ballonstoff gelaufen ist.

Pepe schmeißt den Kuhbrenner an. So heißt das Gerät, mit dem Pepe die heißte Luft in Balus Ballon pustet. Es dauert eine ganze Weile, bis der Ballon beginnt, sich vom Boden aufzurichten. Ihr müsst wissen, in so einen Ballon passt nämlich ganz schön viel Luft hinein. Aber dann ist es geschafft. Balu ist voll mit heißer Luft und kann sich nun alleine auf seine Urlaubsreise begeben. Pepe hat ihm genau erklärt, in welche Richtung er fliegen muss und wo er eine Zwischenlandung durchführen kann. Die beiden Freunde verabschieden sich und Pepe löst den Knoten im Seil, der Balu die ganze Zeit am Boden gehalten hat.

Balu hebt auch sofort ab und steigt immer höher und höher. Pepe schaut Balu hinterher und winkt ihm zum Abschied noch lange zu. Und dann, nach einer ganzen Weile ist Balu am Himmel verschwunden und Pepe kann die Reise seines Feundes nicht mehr länger verfolgen. Und uns geht es da nicht anders. Auch wir können Balu nicht auf seiner Reise begleiten. Allerdings können wir, wenn wir jetzt nach draußen gehen, mit einem kleinen Luftballon ein ähnliches Abenteuer erleben. Kommt mit, ich erkläre euch draußen, wie es funktioniert.

Eine Kugel für alle und alle für eine Kugel

Wo: Außengelände
Dauer: 45–60 Minuten
Gruppengröße: max. 10 Kinder
Material: 10 PVC-Rundrohre mit 10cm Durchmesser und 50cm Länge, eine Kunststoffkugel mit 5cm Durchmesser

Anleitung: Die Erzieherin legt mit den beiden Seilen eine Start und eine Ziellinie aus, die 7m bis 10m voneinander entfernt liegen. Jedes Kind bekommt ein PVC-Rohr. Anschließend stellen sich die Kinder nebeneinander und bilden mit den PVC-Rohren einen langen Tunnel. Die Erzieherin nimmt nun die Kunststoffkugel und legt sie in das erste Rohr. Die Kinder müssen nun die Kugel durch alle Rohre rollen lassen, ohne dass sie herausfällt. Gleichzeitig muss der Tunnel von den Kindern verlängert werden, bei denen die Kugel bereits durch das Rohr gerollt ist. Die Aufgabe gilt als gelöst, wenn die Kugel im Ziel angekommen und dabei nicht aus dem Tunnel herausgefallen ist.

Hinweis: Diese Aktion hat einen hohen Schwierigkeitsgrad und sollte erst dann gespielt werden, wenn die Kinder einige Vorerfahrungen mit Kooperationsübungen gesammelt haben. Zum Einstieg kann die Erzieherin die Aufgabe auch so gestalten, dass die Kugel erst einmal nur durch den Tunnel rollen soll, ohne dass die Kinder den Tunnel verlängern müssen. Dies vermittelt den Kindern ein Gefühl dafür, wie anspruchsvoll die eigentliche Aufgabe sein wird.

Geschichte: „Gib mir die Kugel! Ich habe zuerst mit ihr gespielt!" „Das stimmt nicht! Ich habe sie nur kurz zur Seite gelegt und wollte dann wieder mit ihr spielen!" „Pech für dich! Wer's findet, der darf auch damit spielen!" Au weia, da scheint ja ganz schön dicke Luft in der Spatzengruppe zu sein. Hannah und Leon stehen in der Bauecke und streiten sich um eine kleine Plastikkugel. Ja, ihr habt richtig gehört. Sie streiten sich nicht etwa um ein cooles Spielzeugauto oder um die neuen Bauklötze. Es geht um eine einfache Plastikkugel.

Mittlerweile haben auch einige andere Kinder aus der Spatzengruppe mitbekommen, dass die beiden sich streiten. Deshalb stehen unterdessen ca. acht Kinder um die beiden Streithähne herum und schauen sich das Spektakel mit großen Augen an. „Jetzt reicht es mir!", brüllt Hannah Leon an. „Entweder du gibst mir jetzt die Kugel oder ich sage es Frau Rosenbach!" Frau Rosenbach ist die Gruppenleitung der Spatzengruppe und hat den Ruf, ziemlich streng zu sein. „Das ist mir doch völlig egal! Geh doch ruhig petzen!", brüllt Leon zurück.

„Es ist gar nicht nötig, dass einer von euch beiden petzen kommt", ertönt eine ernste Stimme hinter den Kindern. Ihr könnt euch bestimmt denken, wer das gesagt hat. Richtig, es ist Frau Rosenbach, die natürlich mitbekommen hat, dass sich Hannah und Leon streiten. „Ich habe die ganze Zeit da ganz hinten in unserem Gruppenraum gesessen und konnte jedes einzelne Wort von euch verstehen. Ehrlich gesagt kann ich es gar nicht glauben, dass ihr euch wegen einer einachen Kunststoffkugel so sehr streitet." Frau Rosenbach schüttelt fassungslos den Kopf und atmet einmal tief durch. „Und ihr?", richtet sie ihre Worte nun an die anderen acht Kinder. „Ihr steht einfach nur da und schaut euch das ganze Spektakel an. Ist denn keiner von euch auf die Idee gekommen, den beiden einfach einmal zu helfen?" Die anderen acht Kinder senken die Köpfe. Einige schauen einfach unsicher durch die Gegend. „Was habe ich da nur für eine seltsame Gruppe?", fragt sich Frau Rosenbach laut, damit alle zehn Kinder es auch hören können. „Da bleibt mir nichts anderes übrig. Wir gehen nun alle zusammen nach draußen und spielen das Spiel "Eine Kugel für alle und alle für eine Kugel"". Alle zehn Kinder schauen sich verwundert an. Von diesem Spiel hat bisher noch niemand von ihnen gehört. „Kommt, zieht euch eure Schuhe an und dann ab nach draußen. Ich bereite in der Zwischenzeit alles vor. Ach, Hannah und Leon, die Kunststoffkugel bekomme ich, bitte.“ Die beiden bringen Frau Rosenbach die Kugel und gehen dann gemeinsam mit den anderen Kindern zur Garderobe, um sich ihre Straßenschuhe anzuziehen.

Wisst ihr was, ich habe eine Idee. Warum gehen wir nicht mit und schauen, wie das Spiel funktioniert? Kommt, lasst uns raus gehen. Vielleicht können wir auch eine Runde mitspielen.

Familienfest bei Familie Braunbär

Wo: Gruppenraum
Dauer: 45–60 Minuten
Gruppengröße: max. 10 Kinder
Material: eine Waage, ca. 20 Bärchen-Gewichte (kleine Gewichte in Form von Teddybären) oder andere Gewichte

Anleitung: Die Kinder erhalten von dem Erzieher die Aufgabe, sich jeweils ein Gewicht auszusuchen und dieses festzuhalten. Anschließend sollen sie die Gewichte abwechselnd so in die Waagschalen legen, dass sich die Waage nach dem zehnten Kind im Gleichgewicht befindet. Ist dies gelungen, gilt die Aufgabe als gelöst. Ist es ihnen jedoch nicht gelungen, sollen sich die Kinder erneut besprechen und sich für weitere abzulegende Gewichte entscheiden, damit die Waage mit möglichst wenig weiteren Gewichten ins Gleichgewicht kommt.

Hinweis: Diese Übung kann natürlich mit jedem Gewicht gespielt werden, das in der Einrichtung zur Verfügung steht. Wenn die Einrichtung über die hier erwähnten Bärchen-Gewichte verfügt, werden sich die Kinder erfahrungsgemäß ein Bärchen in der von ihnen bevorzugten Farbe auswählen. Grundsätzlich ist darauf zu achten, dass die Spielerklärung erst nach der Auswahl des Gewichtes erfolgt. Dies garantiert, dass sich die Kinder im Vorfeld beraten müssen und erhöht die Wahrscheinlichkeit, dass sich die Waage nach der ersten Runde nicht im Gleichgewicht befindet und die Kinder in eine erneute Planung gehen müssen.

Geschichte: Wie jedes Jahr trifft sich die Familie Braunbär kurz bevor der Winter kommt, um noch einmal vor dem Winterschlaf gemeinsam zu feiern und natürlich ausgiebig zu futtern. Damit Braunbären den ganzen Winter gut und gemütlich durchschlafen können, müssen sie sich nämlich eine ordentliche Portion Winterspeck anfuttern.

Bei der ganzen Futterei gibt es nur ein Problem: Die Familie Braunbär muss sich gleichmäßig in zwei Höhlen aufteilen, damit jeder von Ihnen genügend Platz zum Schlafen hat. Außerdem sollten sie vom Körpergewicht einigermaßen gleichmäßig aufgeteilt sein. Man weiß ja nie, ob Höhlen heutzutage noch stabile Böden haben. Familie Braunbär will ja schließlich nicht, dass der Boden unter ihnen zusammenbricht. Da Familie Braunbär aus insgesamt zehn Bären besteht, müssen also in jeder Höhle fünf Bären Platz finden.

Um 16 Uhr ist es soweit. Alle zehn Mitglieder der Familie Braunbär sind am Treffpunkt angekommen und jedes hat auch etwas zu Fressen mitgebracht. Da gibt es Honig, verschiedene Sorten Fisch, Nüsse, Wurzeln, Pilze und noch vieles mehr. Es wird gefuttert, was das Zeug hält. Für jeden Geschmack ist ausreichend Futter vorhanden. Zwei Stunden später ist dann auch das letzte Mitglied der Familie Braunbär endlich satt und Stille tritt ein. Die Familie Braunbär hält ein Verdauungsschläfchen. Das dauert wieder gut zwei Stunden, dann haben alle ausgeschlafen und fühlen sich fit genug für den zweitwichtigsten Teil des Familientreffens: das große Wiegen. Ihr erinnert euch, das Wiegen ist wichtig für die Einteilung der Schlafplätze in den Höhlen.

Als erstes wird Großvater Bär gewogen. Er bringt stattliche 334kg auf die Waage. Fast genauso viel wie Papa Bär. Der ist mit 351kg der schwerste Bär der Familie Braunbär. Großmutter Bär und Mama Bär sind deutlich leichter. Sie wiegen nur knapp über 200kg. Dann sind da noch Tante und Onkel Bär sowie die vier Bärenkinder. Insgesamt bringt Familie Braunbär 2406kg auf die Waage.

Nun muss sich die Familie Braunbär überlegen, wer mit wem in welcher Höhle Winterschlaf halten wird. Und wie bereits erwähnt, ist dies gar nicht so einfach, denn das Gewicht soll möglichst gleichmäßig auf beide Höhlen verteilt sein. Der erste Versuch, eine gleichmäßige Gewichtsverteilung zu erreichen, ist kläglich gescheitert. Da hat die eine Hälfte der Familie 1429 kg, während in der anderen Gruppe nur 977kg Körpergewicht zu finden sind. Das geht auf keinen Fall und so muss die Familie Braunbär neu planen. Der zweite Versuch ist schon besser. Die erste Hälfte bringt nun 1311kg auf die Waage und die zweite Hälfte 1095kg. Aber auch das Ergebnis ist noch nicht ausreichend gut. Und so dauert es noch einige Versuche, bis die Familie ein einigermaßen ausgeglichenes Gewichtsverhältnis gefunden hat: 1195kg zu 1211kg.

Puh, das war ganz schön anstrengend für die Familie Braunbär. Und müde sind sie auch geworden. Sie sind nun so müde, dass sie gar nicht mehr lange aufräumen, sondern sich direkt in die geplanten Gruppen aufteilen und sich in ihre jeweiligen Höhlen zurückziehen, um in den wohl verdienten Winterschlaf zu fallen. Gute Nacht, oder besser gesagt, guten Winter, liebe Familie Braunbär. Wir sehen uns im nächsten Frühjahr, wenn ihr ausgeschlafen habt. Dann findet auch wieder ein Familientreffen statt, damit sich die Familie Braunbär nach dem langen Winterschlaf wieder satt futtern kann.

Abb. 10: Das große Wiegen der Familie Braunbär

Hilfe für den Weihnachtsmann

Wo: Außengelände
Dauer: 45–60 Minuten
Gruppengröße: max. 12 Kinder
Material: 3 aus Pappe hergestellte, laminierte Bilder von Weihnachtsgeschenken (Originalgeschenke), passend zu jedem Originalgeschenk je 4 Einzelteile, ebenfalls aus Pappe hergestellt und laminiert

Anleitung: Vor Spielbeginn versteckt der Erzieher die einzelnen Teile der Weihnachtsgeschenke auf dem Außengelände der Kita. Anschließend werden Kleingruppen gebildet, die jeweils aus vier Kindern bestehen. Nun muss jedes Kind ein Teil eines Geschenkes finden. Die Geschenke bestehen aus einem Quadrat, zwei Geschenkbändern und einer Geschenkschleife. Hat die Gruppe alle vier Teile gefunden, so müssen sie diese zu einem Geschenk zusammenlegen und die Aufgabe gilt als gelöst.

Hinweis: Bei schlechten Wetterbedingungen kann das Spiel auch in den Fluren der Kita oder einem Gruppenraum gespielt werden.

Geschichte: „Es ist doch jedes Jahr das Gleiche!“, grummelt der Weihnachtsmann in seinen weißen Rauschebart. „Das Jahr hat 365 Tage und alle Menschen auf der Welt wünschen sich Geschenke für den 24. Dezember. Warum wünscht sich denn keiner Geschenke für den 19. März oder den 25. Juni? Das wäre doch zur Abwechslung einmal etwas Neues!“ Der Weihnachtsmann zieht ein verzweifeltes Gesicht und stopft dabei ein Geschenk nach dem Anderen in seinen riesengroßen Weihnachtssack. Sonderlich glücklich sieht er dabei allerdings nicht aus. „Na, mein kleines Dickerchen“, spricht Frau Weihnachtsmann ihren Mann plötzlich von der Seite an. „Bist du wie jedes Jahr wieder an dem Punkt angekommen, wo du deinen Job an den Nagel hängen willst?“ Ich weiß nicht, ob ihr es wisst, aber wenn man sagt, man will seinen Job an den Nagel hängen, dann heißt das, dass man seine Aufgabe nicht mehr gerne macht und überlegt, ob einem eine andere Aufgabe vielleicht mehr Spaß machen würde. Im Fall des Weihnachtsmannes würde das aber bedeuten, dass dann alle Menschen auf der ganzen weiten Welt an Weihnachten keine Geschenke mehr bekommen würden. „Aber ich hab doch recht“, antwortet der Weihnachtsmann seiner Frau. „Jedes Jahr ist es der gleiche Stress und ich weiß nie, wie ich es schaffen soll, alle Geschenke rechtzeitig bis zum 24. Dezember verpackt und verteilt zu haben.“ Der Weihnachtsmann macht einen tiefen Seufzer. „Aber am Ende schaffst du es ja doch“, ermutigt ihn Frau Weihnachtsmann. „Komm, ich helfe dir beim Packen. Zu zweit geht es schneller.“

Und tatsächlich, kaum greift Frau Weihnachtsmann ihrem Mann unter die Arme, schon geht die Arbeit viel schneller von der Hand. Und viel mehr Spaß macht es zusammen auch. Als die beiden nach ein paar weiteren Stunden das letzte Paket in den Weihnachtssack packen, rufen sie Rudolph das Rentier und seine Rentierfreunde mit dem Schlitten herbei und heben den Weihnachtssack mit einem kräftigen „Hau Ruck“ auf den Schlitten. „Jetzt aber schnell, mein kleines Dickerchen“, sagt Frau Weihnachtsmann zu ihrem Gatten. „Du bist doch schon etwas spät dran. Es wird langsam dunkel. Mach dich lieber auf den Weg zu den ersten Schornsteinen, sonst wird es diesmal wirklich eng mit der Zeit.“ Der Weihnachtsmann schaut besorgt auf seine Weihnachtsuhr. „Au weia, du hast recht. Ich sollte mich schleunigst auf den Weg machen.“ Und mit diesen Worten verabschiedet sich der Weihnachtsmann von seiner Frau, drückt ihr noch einen dicken Schmatzer auf die Wange, schwingt sich auf seinen Schlitten und startet mit Rudolph und den anderen Rentieren in den vorweihnachtlichen Abendhimmel.

Der Weihnachtsmann ist mittlerweile schon einige Stunden unterwegs und hat bereits einige seiner Geschenke bei den Familien unter den Weihnachtsbaum gelegt, als plötzlich etwas passiert. Rudolph, dem Anführer der Rentiere, die den Schlitten des Weihnachtsmannes ziehen, ist bei einer scharfen Rechtskurve ein wenig Sternenstaub in seine rote Nase geflogen. Der Sternenstaub kitzelt so sehr in Rudolphs Nase, dass er einmal heftig niesen muss. „Ha …ha …haaaaaaatschiiiiii!“, prustet Rudolph und bringt mit seinem Nieser den ganzen Schlitten ins Wanken. Der Nieser von Rudolph ist so stark, dass durch das Wackeln ein Teil der Geschenke aus dem Sack hinab in die Straßen eines kleinen, verschneiten Dorfes fallen. „Ach du heiliger Tannenbaum!“, ruft der Weihnachtsmann erschrocken. „Da hast du uns ja einen riesigen Schlamassel eingebrockt, lieber Rudolph!“. Rudolph ist das natürlich sehr unangenehm. „Es tut mir sehr leid, lieber Weihnachtsmann. Ich leite den Schlitten schnell hinunter in das Dörfchen, bevor irgendjemand etwas von unserem Missgeschick mitbekommt.“

Gesagt, getan … Und so dauert es keine Minute, bis der Schlitten des Weihnachtsmannes in einer der verschneiten Straßen des Dorfes landet. Doch als der Weihnachtsmann gerade von seinem Schlitten heruntersteigen will, stellt er fest, dass bereits zwei kleine Kinder, ein Mädchen und ein Junge, in Schlafanzügen vor seinem Schlitten stehen und ihn mit großen Augen anstarren. „Bist du der Weihnachtsmann?“, fragt ihn das kleine Mädchen, während sich ihr noch kleinerer Bruder ein wenig hinter ihr versteckt. „Ähm …naja …“, stottert der Weihnachtsmann verlegen. „Ja, ich bin der Weihnachtsmann. Aber warum seid ihr denn nicht in euren Betten und schlaft?“ Das kleine Mädchen antwortet: „Etwas hat laut auf unserem Dach gepoltert. Davon sind wir wach geworden, haben aus dem Fenster geschaut und dann die vielen Geschenke auf der Straße liegen gesehen.“ „Oh“, sagt daraufhin der Weihnachtsmann. „Ich glaube, daran sind Rudolph und ich nicht ganz unschuldig. Wir haben es nämlich sehr eilig, müsst ihr wissen. Und während wir so durch die Nacht düsten, ist uns dieses kleine Missgeschick passiert.“

Für einen Moment herrscht Stille, denn niemand traut sich, irgendetwas zu sagen. Plötzlich kommt der kleine Junge hinter seiner Schwester hervor und fragt: „Schafft ihr es denn jetzt noch, alle Geschenke rechtzeitig zu den vielen Kindern zu bringen?“ Der Weihnachtsmann schaut hektisch auf seine Uhr. „Oje … Die Zeit wird wirklich knapp. Ich muss schnell alle Geschenke einsammeln und rasch weiterfliegen. Ansonsten fällt Weihnachten für ganz viele Kinder auf dieser Welt in diesem Jahr aus!“ „Oh nein, wie schrecklich!“, rufen die beiden Kinder im Chor. „Das darf auf keinen Fall passieren. Wir helfen dir, lieber Weihnachtsmann. Zusammen sind wir schneller und vielleicht macht es sogar ein wenig Spaß!“. Der Weihnachtsmann schaut verdutzt. Irgendwo hatte er diese Worte heute doch schon einmal gehört. Doch er hat keine Zeit, weiter darüber nachzudenken. Zusammen mit den Kindern sammelt er ein Geschenk nach dem Anderen wieder ein und packt es zurück in den Sack. Und tatsächlich, zusammen mit den beiden Kindern waren im Nullkommanix alle Geschenke wieder eingesammelt. „Habt vielen Dank ihr kleinen Weihnachtshelfer!", bedankt sich der Weihnachtsmann bei den beiden. „Dank euch ist Weihnachten gerettet!" „Das war doch selbstverständlich!", antwortet der kleine Junge. „Und jetzt beeil dich besser!" „Das mache ich!", antwortet der Weihnachtsmann und langsam hebt sich sein Schlitten in die Lüfte. „Bevor ihr wieder in eure Betten geht, solltet ihr schon mal an eurem Weihnachtsbaum vorbei schauen. Ich glaube, da liegt ein kleines Dankeschön für euch bereit." „Hab vielen Dank, lieber Weihnachtsmann und eine gute Reise!", rufen ihm die beiden Kinder hinterher.

Sie schauen dem Schlitten noch eine Weile nach und als er hinter einem blinkenden Stern verschwindet, laufen sie hinein ins Haus und vergessen dabei vor lauter Aufregung, an dem Weihnachtsbaum vorbeizuschauen, um sich ihr Dankeschön abzuholen. Doch vermutlich ist den beiden das völlig egal, denn einmal den echten Weihnachtsmann gesehen zu haben, ist doch schon Dankeschön genug, findet ihr nicht auch?

In der Backstube

Wo: Sandkasten auf dem Außengelände
Dauer: 45–60 Minuten
Gruppengröße: max. 2 Kinder
Material: Verschiedene Sandkastenförmchen, eine kleine Schaufel, eine Fotografie von 6 Sandkuchen

Anleitung: Diese Übung wird im Kleinteam gespielt. Die Erzieherin hat im Vorfeld eine Fotografie von sechs nebeneinander liegenden Sandkuchen, die sie mit Hilfe der Sandkastenförmchen erstellt hat, angefertigt, ausgedruckt und laminiert. Auf dem Außengelände, in der Nähe des Sandkastens, zeigt sie den beiden Kindern das Foto. Das Kleinteam soll nun auch sechs Sandkuchen erstellen, die den Formen der auf dem Foto abgebildeten Sandkuchen entsprechen. Außerdem sollen die Sandkuchen in der gleichen Reihenfolge wie auf dem Foto nebeneinander abgelegt werden. Die Aufgabe gilt als gelöst, wenn die von dem Kleinteam erstellten Sandkuchen in Form und Reihenfolge dem Foto entsprechen.

Hinweis: Die Schwierigkeit dieser Übung liegt im Detail. In der Zeit, in der die Kinder die sechs Formen aus dem Angebot an Sandkastenförmchen heraus suchen, vergessen sie häufig, dass sie nicht einfach nur Sandkuchen erstellen sollen, sondern dass diese auch in der richtigen Reihenfolge abgelegt werden müssen.

Geschichte: In der Backstube Brotkörbchen ist heute großes Kuchenbacken angesagt. Denn in Sandhausen, so heißt der Ort, in dem die Backstube steht, findet am morgigen Samstag das große Stadtfest statt. Und auf diesem Stadtfest soll es natürlich auch einen Kuchenstand geben, damit die Besucher am Nachmittag auch etwas Leckeres zu Naschen haben. Und was glaubst du wohl, welchen Kuchen die Bürgerinnen und Bürger von Sandhausen am allerliebsten essen? Richtig, am allerliebsten essen sie den Sandkuchen. Deshalb hat die Backstube Brotkörbchen auch allerhand zu tun. Denn bei so einem Stadtfest braucht man nicht nur einen oder zwei Sandkuchen. Nein, für das Stadtfest muss die Backstube ganze sechs Sandkuchen backen. Aber das machen die Bäckermeister natürlich sehr gerne. Denn erstens lieben sie es, Kuchen zu backen, und zweitens freuen sie sich auch schon auf das Stadtfest, genauso wie die Bürgerinnen und Bürger von Sandhausen.

Eine Sache ist jedoch für das Backen des Sandkuchens besonders wichtig: Die Kuchen müssen die richtige Form haben und am Ende auf einem riesig großen Kuchenteller in der richtigen Reihenfolge stehen. Leider ist dem Bäckerlehrling heute morgen ein kleines Missgeschick passiert. Als er um fünf Uhr morgens durch die dunkle Backstube gegangen ist, ist er gegen das Regal gestoßen, in dem alle Backformen gelagert werden. Dieser Zusammenstoß war so stark, dass alle Backformen aus dem Regal herausgefallen sind und nun kunterbunt durcheinander auf dem Boden liegen. Jetzt hat der Bäckerlehrling allerhand zu tun, die richtigen sechs Backformen wiederzufinden. Denn ohne die sechs richtigen Backformen wird es auch keinen Kuchen auf dem Stadtfest geben.

Aber Moment einmal, habt ihr nicht vielleicht Lust, dem Bäckerlehrling bei der Suche zu helfen? Kommt doch einfach mit und helft ihm. Gemeinsam geht es bestimmt schneller und wenn ihr schon einmal dabei seid, könnt ihr ihm doch auch gleich noch beim Backen helfen. Was haltet ihr davon?

In der Spur bleiben

Wo: Spielteppich im Gruppenraum
Dauer: 45–60 Minuten
Gruppengröße: max. 3 Kinder
Material: verschiedene Bauelemente einer Kugelbahn

Anleitung: Der Erzieher legt auf dem Spielteppich die einzelnen Bauelemente einer Kugelbahn aus. Das Kleinteam bekommt die Aufgabe, gemeinsam eine Kugelbahn zu bauen, die eine vorgegebene Anzahl bestimmter Bauelemente beinhalten soll. Beispielsweise könnte die Vorgabe sein, dass insgesamt fünf Tunnel- und drei Brückenelemente sowie zwei Spiralen verbaut werden sollen. Für die Auswahl kann sich der Erzieher an der in der Gruppe vorhandenen Kugelbahn orientieren. Die Aufgabe ist gelöst, wenn die Kugel die Bahn durchläuft, ohne dabei stecken zu bleiben.

Hinweis: Der Erzieher kann bei dieser Übung den Schwierigkeitsgrad problemlos an das jeweilige Kleinteam anpassen. Vermeintlich schwächeren Gruppen kann die Aufgabe erleichtert werden, indem man ihnen weniger zu verbauende Elemente vorgibt. Stärkeren Kleinteams kann beispielsweise eine zusätzliche Spirale zum Verbauen vorgegeben werden. Diese Übung fördert das kreative Konstruieren, da bis auf die zu verbauendene Elemente keine weiteren Vorgaben zur Gestaltung gegeben werden.

Geschichte: Alex sitzt auf dem Spielteppich in seiner Kitagruppe, grübelt vor sich hin und hält dabei etwas in den Händen, das große Ähnlichkeit mit Bauklötzen hat. Wenn man jedoch genauer hinschaut, erkennt man, dass er zwei Klötze einer Kugelbahn in den Händen hält. Außerdem steht vor ihm auf dem Spielteppich etwas, dass schon verdächtig nach einer Kugelbahn aussieht.

Alex sitzt also eine ganze Weile so vor seiner Kugelbahn, als ganz plötzlich Leo um die Ecke geflitzt kommt. „Hey Alex, hast du Lust mit nach draußen zu kommen und eine Partie Fußball zu spielen?“, fragt Leo seinen Freund. Doch Alex reagiert gar nicht auf Leos Frage. Er sitzt einfach weiterhin da und starrt auf seine Kugelbahn. „Erde an Alex, bitte melden!“, ruft Leo und kann sich ein Grinsen dabei nicht verkneifen. Doch das hat Alex natürlich mitbekommen und schaut Leo ein wenig sauer an. „Hör auf, so frech zu grinsen!“, ruft er Leo entgegen. „Siehst du denn nicht, dass ich Wichtigeres zu tun habe als einen blöden Ball hin und her zu kicken?“. Leo traut seinen Ohren nicht. Hat Alex gerade tatsächlich gesagt, dass er keine Lust hat, mit ihm Fußball zu spielen? Sonst ist Alex doch immer einer der Ersten, wenn es darum geht, auf dem Spielgelände der Kita eine Runde Fußball zu spielen. Was ist nur mit ihm los? Ob Alex krank ist?

„Was hast du denn, Alex?“, fragt Leo mit vorsichtiger Stimme. „Gibt es irgendein Problem?“ „Ob es ein Problem gibt?“, ruft Alex verzweifelt zurück. „Da kannst du aber so was von Gift drauf nehmen! Diese Kugelbahn macht mich heute noch vollkommen wahnsinnig!“, jammert er und rauft sich dabei die Haare. „Diese verflixte Kugel will einfach nicht in der Spur bleiben. Immer wieder fliegt sie mir an der gleichen Stelle aus der Bahn. Ich habe schon dreimal die Strecke verändert aber nichts, absolut gar nichts, hat geholfen.“ „Das Problem kenne ich nur zu gut“, kommt es aus der anderen Ecke des Spielteppichs zurück. „Ich hatte auch schon öfter das gleiche Problem und habe ewig daran getüftelt, bis es endlich funktioniert hat.“ Es ist Clara, von der das Verständnis für Alex’ Problem kommt.

Die beiden Jungs schauen überrascht in Claras Richtung. „Du kennst dich mit Kugelbahnen aus?“, fragt Leo Clara, die mittlerweile gegenüber von Alex sitzt. „Klar, warum denn nicht?“, antortet Clara. „Denkt ihr etwa, nur weil ich ein Mädchen bin, habe ich von Kugelbahnen keine Ahnung?“ Clara scheint ein wenig ärgerlich zu werden. Zumindest hört sich ihre Stimme so an. „Nein, das denken wir nicht“, erwidert Alex. „Wir haben nur nicht gewusst, dass du dich überhaupt für Kugelbahnen interessierst.“ „Klar interessiere ich mich für Kugelbahnen!“, antwortet Clara. „Das macht doch voll Spaß!“ Die Jungs schauen sich erneut überrascht an. Da hat Alex eine Idee. „Hey, was haltet ihr beide denn davon, wenn ihr mir dabei helft, mein Problem zu lösen? Gemeinsam könnten wir es vielleicht schaffen.“ Clara überlegt nicht lange und Leo offensichtlich auch nicht, denn beide antworten wie aus der Pistole geschossen: „Da bin ich doch glatt dabei!“ Nun schauen sich die drei Kinder überrascht an und kurz darauf lachen alle drei lauthals los. „Na dann mal los!“, freut sich Alex. „Ich bin mir sicher, dass wir mit eurer Unterstützung im Nullkommanix das Problem gelöst haben werden!“

Und genauso geschieht es auch. Clara und Leo haben so tolle Ideen, dass die drei in kürzester Zeit eine wahnsinnig coole Kugelbahn bauen, die obendrein noch perfekt funktioniert. „Danke, ihr zwei!“, sagt Alex und reicht Clara und Leo jeweils die Hand. „Das war eine Spitzenleistung von uns.“ „Das nennt man eben Teamwork!“, sagt Clara. Da schnappen sich die drei auch schon sofort wieder eine Kugel und spielen den ganzen Tag lang mit der Kugelbahn, bis es schließlich Zeit wird, nach Hause zu gehen.

James Bond Junior

Wo: Allwetterplatz, Außengelände
Dauer: 45–60 Minuten
Gruppengröße: max. 10 Kinder
Material: Absperrband, 10 Glassteine

Anleitung: Der Erzieher spannt mit Hilfe des Absperrbandes und der Umzäunung des Allwetterplatzes einen „Laser“-Hindernisparcours. Das Absperrband sollte so verlaufen, dass unterschiedlich große Bereiche zum darunter hindurch krabbeln sowie zum durch- und darübersteigen entstehen. Die Kinder werden auf einer Seite des Parcours positioniert. Jedes Kind erhält einen Glasstein, der einen Diamanten verkörpern soll. Die Aufgabe besteht nun darin, dass jedes Kind seinen Diamanten durch den Parcours hindurch auf die andere Seite bringt. Dabei muss jedes Kind mindestens einmal unter dem Absperrband durch, einmal mittig durch sowie einmal über das Absperrband steigen. Dabei darf das Absperrband nicht berührt werden. Wird das Absperrband berührt, so wird die Runde unterbrochen und die Gruppe muss komplett von vorne beginnen.

Hinweis: Bei dieser Übung kann es leicht passieren, dass die Kinder die Aufgabe unterschätzen, den Parcours zu unvorsichtig durchqueren und mehrmals das Absperrband berühren. Dies kann zu Frust und Schuldzuweisungen unter den Kindern führen. In diesem Fall ist es die Aufgabe des Erziehers, den Kindern noch einmal deutlich zu machen, dass man als Team zusammenarbeiten muss und dass Zusammenarbeit auch darin bestehen kann, einander Tipps zu geben. In der Regel beginnen die Kinder dann, sich zu helfen und aufeinander acht zu geben.

Geschichte: „Dam dam, dam di dam dam, dam di dam dam, dam di dam dam, dam di!“, schallt es über das Außengelände der Kita Abenteuerland. Der Gesang kommt von den zehn Kindern der Dschungelgruppe, die gerade das Gelände überqueren. So wie es aussieht, spielen sie wieder einmal Geheimagenten, die in geheimer Mission ihrer Majestät unterwegs sind.

„Da drüben im Gebüsch glitzert es!“, ruft Thommy mit freudiger Stimme. „Ja, ich sehe es auch!“, bestätigt Emma. „Das sind bestimmt die Diamanten!“ Aus allen Ecken kommen nun die zehn Kinder herbeigeströmt und versammeln sich rund um das glitzernde Gebüsch. „Mission erfüllt!“, ruft Jonas, der als Erster nach einem der Diamanten greift. „Nicht so hastig, mein Freund!“, erwidert Lisa, und deutet mit ihrer Hand das Stoppzeichen an. „Die Mission ist erst beendet, wenn wir die Diamanten am Hauptquartier abgeliefert haben!“ „Das ist doch langweilig!“, antwortet Jonas. „Jedes Mal, wenn wir die Diamanten gefunden haben, bringen wir diese auf Umwegen durch die Gebüsche und hinter den Bäumen vorbei zurück in unsere Gruppe. Da ist es ja fast noch spannender, den Kleinen beim Daumennuckeln zuzuschauen.“ Einige aus der Gruppe müssen lachen. Jonas hat nicht ganz unrecht. Immer wenn sie Geheimagenten spielen und die Diamanten gefunden haben, endet das Spiel auf die gleiche Art und Weise. Und zwar ganz genau so, wie Jonas es beschrieben hat.

„Hey, ich habe eine Idee!“, ruft Noah völlig unerwartet. „Wir haben in der Gruppe doch noch so ein Flatterband herum liegen. Damit könnten wir doch einen Laserparcours spannen!“ „Einen Laserparcours?“, fragt die Gruppe im Chor. „Wie soll das denn gehen?“, ergänzt Jimmy noch fragend. „Kommt mit, ich zeige euch, wie ich es meine“, antwortet Noah. Er flitzt in die Gruppe, holt dort das Flatterband und hat blitzschnell einen agentenwürdigen Laserparcours aufgebaut. Die Gruppe staunt nicht schlecht und versteht nun auch von ganz alleine, was Noah sich dabei gedacht hat. Und ihr, könnt ihr euch vorstellen was Noah für seine Freunde konstruiert hat? Nein? Na dann kommt einmal mit, ich habe da etwas für euch vorbereitet.

Mein Freund, der rote Luftballon

Wo: Außengelände oder Bewegungsraum
Dauer: 45 Minuten
Gruppengröße: max. 10 Kinder
Material: ein roter Luftballon, pro Kind ein Zahlenblatt

Anleitung: Die Erzieherin legt vor Spielbeginn die Zahlenblätter in einem Kreis aus. Dabei liegen die Zahlenblätter in der richtigen Zahlenfolge. Jedes Kind stellt sich hinter ein Zahlenblatt. Der Ballon wird dem Kind hinter der Nummer eins übergeben. Dieses wirft den Ballon nun dem Kind hinter der Nummer zwei zu. Der Luftballon wird von dem Kind gefangen und dann weiter zu Kind Nummer drei geworfen. Dies wiederholt sich so lange, bis der Luftballon wieder bei Kind Nummer eins angekommen ist. Dabei müssen die Kinder darauf achten, dass der Luftballon nicht auf den Boden fällt. Sollte der Luftballon den Boden berühren, beginnt die Aufgabe erneut.

Hinweis: Je nach Gruppe kann die Aufgabe mehr oder weniger Zeit in Anspruch nehmen. Sollten die Kinder die Aufgabe in nur wenigen Minuten gelöst haben, kann die Aufgabenstellung variiert werden. Dann sollen die Kinder den Luftballon durch in die Luft schlagen von Kind zu Kind weitergeben, ohne dass dieser von dem Kind, das an der Reihe ist, geschnappt wird. Sollten die Kinder zu viele Versuche benötigen, kann die Erzieherin ihnen den Tipp geben, dass der Ballon nicht weit weg geschlagen werden muss, sondern eher in die Höhe zu schlagen ist. Bei sehr fitten Gruppen können die Zahlen auch durcheinander in den Kreis gelegt werden. Dann muss im Vorfeld mit den Kindern jedoch besprochen werden, nach welchem Kind sie dran sind beziehungsweise muss sichergestellt sein, dass alle Kinder die Zahlen von eins bis zehn kennen.

Geschichte: Heute erzähle ich euch die Geschichte von meinem Freund, dem roten Luftballon. Der rote Luftballon und ich lernten uns vor vielen, vielen Jahren kennen. Damals war ich selber noch ein kleiner Junge und ging in eine Kita, genau wie ihr. Eines Tages, es war mein Geburtstag, da schenkte mir mein bester Freund Thomas diesen roten Luftballon. Ihr müsst wissen, damals waren rote Luftballons nur sehr selten zu bekommen, denn jedes Kind wollte einen roten Luftballon besitzen. Mein Freund Thomas wusste das und hat sein letztes Taschengeld ausgegeben, um mir diesen Luftballon schenken zu können.

Der rote Luftballon und ich haben schon viele schöne Momente miteinander erlebt: Er hat schon viele wunderschöne Geburtstage mit mir gefeiert, ist mit mir in den Urlaub gefahren und er schläft sogar neben mir auf meinem Kopfkissen. Ihr seht, der rote Luftballon und ich sind unzertrennlich.

Doch eines Tages, als der rote Luftballon gerade auf der Fensterbank lag und ich mal wieder mit ihm spielen wollte, bemerkte ich, dass er nicht so fröhlich aussah wie sonst. Er sah irgendwie schlaff aus, fast so, als würde ihm die Luft ausgehen. Das war ein ganz schön trauriger Anblick. Als dann noch draußen ein Heißluftballon an meinem Kinderzimmerfenster vorbeiflog, war ich mir sicher, einen kleinen Seufzer von dem roten Luftballon hören zu können.

In diesem Augenblick war es mir sonnenklar: Mein Freund, der rote Luftballon, wünschte sich offenbar genauso schweben und in die Luft abheben zu können wie dieser Heißluftballon. Also fing ich an nachzudenken. Ich dachte lange nach, aber mir wollte einfach nicht einfallen, wie ich meinen kleinen roten Freund wieder fröhlich machen konnte. Irgendwann kam meine Mutter in mein Zimmer und sah mich auf meinem Bett sitzen und angestrengt nachdenken. „Was machst du denn für ein zerknautschtes Gesicht?“, fragte sie mich und ich erzählte ihr von dem traurigen roten Luftballon. „Warum bittest du denn nicht deine Freunde, dir bei deinem Problem zu helfen? Ich wette, wenn ihr alle gemeinsam mit dem roten Luftballon spielt, könnt ihr ihn fast genauso fliegen lassen wie einen Heißluftballon.“

Ich brauchte gar nicht lange zu überlegen, denn das war eine tolle Idee. „Mama, du bist die Beste!“, rief ich voller Freude. Sofort sprang ich auf, drückte meiner Mutter einen dicken Schmatzer auf die Wange, schnappte mir den roten Luftballon und rannte die Straße runter zu dem Spielplatz, auf dem sich meine Freunde und ich immer trafen. Und was soll ich euch sagen, kaum hatte ich meinen Freunden von der Idee, wie wir den roten Luftballon wieder fröhlich machen können, erzählt, da spielten wir auch schon mit ihm und ließen ihn hoch und höher fliegen, bis er wieder so fröhlich war wie immer.

Nachhilfe im Entenmarsch

Wo: Außengelände
Dauer: 45–60 Minuten
Gruppengröße: max. 10 Kinder, Partnerübung
Material: 5 Seile, mehrere Markierungshütchen

Anleitung: Diese Übung wird als Partnerübung durchgeführt. Immer zwei Kinder werden mit einem linken und einem rechten Bein aneinander gebunden. Nun müssen sie gemeinsam einen Parcours über das Außengelände durchqueren. Dieser Parcours kann ganz individuell nach den örtlichen Gegebenheiten gestaltet werden. Beispielsweise kann mit Markierungshütchen eine Slalomstrecke abgesteckt werden, die Paare müssen unter einem Klettergerüst oder Ähnlichem hindurchkriechen oder über hügeliges Gelände marschieren. Die Aufgabe gilt als gelöst, wenn die Paare den Parcours ordnungsgemäß durchlaufen haben.

Hinweis: Der Erzieher sollte bei dieser Übung die Kinder darauf hinweisen, dass sie keinem Zeitlimit ausgesetzt sind und nicht im Wettkampf zu den anderen Paaren stehen. Zusätzlich sollte aufgrund der eingeschränkten Bewegungsfreiheit der Kinder darauf geachtet werden, dass der Parcours so gestaltet wird, dass die Kinder keiner Verletzungsgefahr ausgesetzt sind.

Geschichte: Heute möchte ich euch von Familie Quak erzählen. Familie Quak ist eine Entenfamilie und lebt an einem großen Seerosenteich in einem Stadtpark. Vor kurzem hat die Entenfamilie Nachwuchs bekommen. Sechs kleine Entenküken schnattern nun den lieben langen Tag am Seerosenteich herum und wollen gefüttert und bespaßt werden. Ein Vollzeitjob für Mama Quak, die aufgrund der Futtersuche kaum noch Zeit findet, sich zwischendurch einmal die Federn zu zupfen. Aber auch für Papa Quak ist es ganz schön anstrengend. Er ist für die Bespaßung der kleinen Entenracker zuständig und muss sich ständig neue Spiele und Ausflugsziele für die Kleinen überlegen.

In gar nicht allzu langer Zeit möchten die Enteneltern mit ihrem Nachwuchs einen Ausflug zum Schilfsee machen. Dieser See ist ein sehr beliebtes Ausflugsziel bei Entenfamilien, denn dort kann man im hohen Schilf mit seinem Nachwuchs so wunderbar tauchen üben. Eine Sache bereitet Mama und Papa Quak jedoch ein wenig Sorgen: Um zum Schilfsee zu gelangen, müssen sie mit ihrem Nachwuchs eine längere Strecke zu Fuß zurücklegen. Vielleicht fragt ihr euch jetzt, was dabei das Problem ist. Nun ja, für die Eltern der Familie ist es auch kein Problem, jedoch könnte es mit dem Nachwuchs echt anstrengend werden. Die kleinen Entenküken haben nämlich noch nicht gelernt, wie man anständig im Entenmarsch marschiert. Es ist nicht so, als hätten Mama und Papa Quak nicht schon vieles versucht, um ihrem Nachwuchs den Entenmarsch beizubringen. Leider haben die sechs kleinen Entchen nur viel zu viel Blödsinn im Kopf und wollen sich nicht auf das Lernen des Entenmarsches konzentrieren.

Doch Moment einmal, was sehe ich denn da?! Mama und Papa Quak haben ihren Nachwuchs bei sich versammelt und scheinen ihnen etwas in Entensprache zu erklären. „Quak quakquakquak, quakquak quak!“, schnattert Papa Quak. Ich übersetze euch das Gequake einmal in unsere Sprache. Bei uns würde es heißen: „Jetzt ist Schluss mit lustig, heute gibt es Nachhilfe im Entenmarsch!“

Die sechs kleinen Entchen schauen sich verdutzt an. Was das wohl zu bedeuten hat? Während Papa Quak noch ein wenig in Entensprache umher schnattert und dabei wild mit seinen Flügeln schlägt, ist Mama Quak bereits damit beschäftigt, ihren Nachwuchs in Pärchen aufzuteilen und sie jeweils mit einem rechten und einem linken Entenbeinchen zusammenzubinden. Dafür hat sie anscheinend extra einige Algen gesammelt und sie in entsprechend lange Streifen gebissen.

Nach einigen Augenblicken sind alle kleinen Entchen in Pärchen aufgeteilt und aneinander gebunden. Erstaunlicherweise stehen sie nun auch ordentlich hintereinander und es kann los gehen. Papa Quak marschiert vorne weg, gefolgt von seinem Nachwuchs, der, um ehrlich zu sein, mehr stolpert als marschiert. Mama Quak marschiert hinter ihrer Familie her und passt auf, dass kein Pärchen verloren geht. Es ist schon ganz schön witzig anzuschauen, was da passiert. Das vorderste Pärchen ist gerade so sehr gestolpert, dass sie auf ihre Schnäbel gefallen sind. Natürlich haben das zweite und das dritte Pärchen nicht aufgepasst und sind mit einem kräftigen Wums gegen ihre Geschwister gedonnert. Mama Quak schlägt die Flügel vor die Augen. Sie kann anscheinend nicht glauben, was sie gerade gesehen hat. Aber Papa Quak gibt nicht auf. Er schnattert ein paar neue Kommandos und weiter geht die Nachhilfestunde. Er marschiert im Slalom um ein paar kleinere Bäumchen herum, unter einer Bank hindurch und bergauf und bergab über hügeliges Gelände.

So marschiert Familie Quak also eine ganze Weile und die Methode von Papa Quak scheint zu funktionieren. Die kleinen Entchen werden immer besser und besser im Entenmarsch. Ich würde sagen, noch ein paar Übungseinheiten mehr und dann dürfte dem Ausflug zum Schilfsee nichts mehr im Wege stehen. Wie sieht es eigentlich bei euch aus? Seid ihr fit im Entenmarsch? Lasst uns doch einmal rausgehen und schauen, ob auch ihr Nachhilfe im Entenmarsch benötigt.

Nie mehr Langeweile in Spinnenhausen

Wo: Außengelände
Dauer: 45–60 Minuten
Gruppengröße: max. 10 Kinder
Material: ein Frisbee-Tor, ein Springseil, mehrere Bälle in verschiedenen Größen, mehrere Frisbees

Anleitung: Der Erzieher stellt das Zielnetz auf einer freien Fläche auf dem Außengelände auf und legt die Bälle und Frisbees bereit. Das Springseil legt er ca. 2m von dem Zielnetz aus. Von dieser Markierung sollen die Kinder so viele Bälle und Frisbees wie möglich in das Netz werfen. Dabei gibt es für die kleinen Bälle einen Punkt, für große Bälle zwei Punkte und für die Frisbees drei Punkte. Jedes Kind muss mindestens einmal werfen. Wenn alle Kinder geworfen haben, werden die Punkte addiert. Dies ist dann der Ausgangswert für eine zweite Runde. Diesmal sollen die Kinder versuchen, ihre Wurfstrategie so zu verändern, dass am Ende der zweiten Runde eine höhere Punktzahl erreicht wird.

Hinweis: Diese Übung kann über mehrere Runden gespielt werden. Das Ziel, immer wieder eine höhere Punktzahl zu erreichen, bleibt bestehen. Bei besonders fitten Gruppen kann auch eine bestimmte Punktzahl vorgegeben werden, die dann von den Kindern auf den Punkt genau erreicht werden muss.

Geschichte: In Spinnenhausen herrscht mal wieder gähnende Langeweile. Das ist ja auch kein Wunder, denn tagein, tagaus sitzen die kleinen Spinnen in ihren Netzen und warten darauf, dass ihnen eine Fliege oder ein kleiner Käfer in die Falle fliegt. Und an manchen Tagen passiert dies nicht ein einziges Mal. Genauso ist es auch heute wieder. Nicht einer einzigen kleinen Spinne ist bisher eine Beute ins Netz geflogen.

„Es ist so langweilig!“, ruft eine der kleinen Spinnen. „Ja, das finde ich auch!“, ruft eine andere und mit einem Mal schallt dies auch aus all den anderen Netzen. Tja, aber was sollen die kleinen Spinnen von Spinnenhausen denn machen? Sie haben doch keine andere Wahl. Wenn sie sich zu weit von ihren Netzen entfernen, besteht die Gefahr, dass sich ihre Beute aus den Netzen befreien kann, wenn sie nur fest genug zappelt.

Nach einer kurzen Phase des Jammerns kehrt jedoch wieder Ruhe in Spinnenhausen ein. Die kleinen Spinnen haben erkannt, dass sie keine andere Wahl haben. „Moment mal!“, erklingt es aus dem Netz der kleinen Spinne Sepp. „Ich weiß, wie wir uns die Zeit vertreiben können!“ Die anderen kleinen Spinnen spitzen neugierig ihre Ohren und hören Sepp aufmerksam zu. „Was haltet ihr davon, wenn wir uns ein Zielnetz spinnen und zusätzlich kleine Spinnenkugeln in verschiedenen Größen und Formen spinnen. Dann können wir einen Zielwurf-Wettbewerb machen.“ Bei den meisten kleinen Spinnen löst der Vorschlag von Sepp jetzt schon ein fröhliches Grinsen in ihren Gesichtern aus. Aber Sepp ist noch nicht fertig mit seiner Erklärung. „Für die verschiedenen Formen und Größen gibt es unterschiedlich hohe Punktzahlen und wer am Ende die meisten Punkte hat, gewinnt.“ Der Vorschlag von Sepp scheint bei allen kleinen Spinnen gut anzukommen.

„Oder wir spielen es als Team und versuchen, in mehreren Runden eine immer höhere Punktzahl zu erreichen!“, bringt die kleine Spinne Sina als Vorschlag ein. „Was soll das denn bringen?“, fragt Sepp. „Nun, ganz einfach“, antwortet Sina. „Wenn wir als Team spielen, gibt es am Ende auch keinen Verlierer und keiner von uns muss traurig sein." Alle kleinen Spinnen denken angestrengt nach. An dem Vorschlag könnte tatsächlich etwas Gutes dran sein. „O. K., so machen wir es!", ertönt es im Chor der kleinen Spinnen. „Dann lasst uns mit den Vorbereitungen beginnen", ruft Sepp und im Nullkommanix beginnen alle Spinnen mit dem Spinnen von Kugeln in verschiedenen Größen. Anschließend spinnen sie noch gemeinsam das Zielnetz, und dann geht es auch schon los. Die kleinen Spinnen zielen und werfen die selbst gesponnenen Kugeln mit voller Kraft in das Zielnetz. Sie scheinen so viel Spaß daran zu haben, dass die Zeit wie im Flug vergeht. Zum Glück fliegt ihnen heute eh keine Beute ins Netz. So können sie ungestört ihr neues Spiel spielen und als Spinnenteam immer besser werden und höhere Punktzahlen erreichen. Ich glaube, egal, ob in Zukunft viel oder wenig Beute in die Netze der kleinen Spinnen fliegt, Langeweile wird in Spinnenhausen nie mehr aufkommen.

Schief ist cool

Wo: Spielteppich im Gruppenaum
Dauer: 45–60 Minuten
Gruppengröße: max. 4 Kinder
Material: ein Eimer, verschiedene Spielgegenstände wie Bauklötze, Spielmaterial aus einem Kaufladen und einem Puppenhaus, Spielzeugautos, et cetera

Anleitung: Der Erzieher sucht sich diverse Spielgegenstände aus dem Gruppenraum zusammen und platziert diese auf einem Spielteppich neben einem Eimer, der dort umgedreht mit der Bodenseite nach oben steht. Die Kinder sollen nun abwechselnd jeweils einen Spielgegenstand auf dem Eimer ablegen und übereinander stapeln, sodass ein Turm entsteht. Der Turm soll so stabil wie möglich gebaut werden, damit er zum Schluss mindestens zehn Sekunden hält, ohne dass ein Gegenstand herunterfällt oder der Turm einstürzt. Wenn während der Bauphase ein Gegenstand herunterfällt oder der Turm komplett einstürzt, beginnt die Aufgabe von vorn.

Hinweis: Der Erzieher sollte bei der Auswahl der zu stapelnden Gegenstände darauf achten, dass es sich nicht um sehr spitze oder zerbrechliche Gegenstände handelt. Die Schwierigkeit der Übung kann für geübte Kinder sehr gut angehoben werden, indem verstärkt unförmige Gegenstände zum Stapeln vorgegeben werden. Zusätzlich kann eine Zeitvorgabe für die Fertigstellung des Turms festgesetzt werden. Wenn der Turm mit den zur Verfügung gestellten Materialien steht und die Kinder noch Spaß daran haben, weiterzubauen, kann man sie auch weiterbauen lassen. In diesem Fall können sich die Kinder selbst weitere Gegenstände aussuchen.

Geschichte: Hannes und Anton stürmen früh am Morgen in ihren Gruppenraum der Kita Zwergenland. Dabei stößt Anton gegen einen Stuhl und dieser fällt mit lautem Gepolter um. Frau Großmann, die Gruppenleitung ihrer Gruppe, schaut erschrocken auf und kommt mit leicht säuerlichem Blick auf die beiden Jungen zu. „Würdet ihr beiden mir bitte einmal erklären, warum ihr am frühen Morgen schon so einen Lärm veranstaltet?“, fragt sie die beiden Jungen. Hannes und Anton befürchten, dass es nun Ärger geben wird und stehen ganz brav vor Frau Großmann. „Äh, Entschuldigung, Frau Großmann“, stammelt Hannes vor sich hin. „Anton und ich haben uns gestern schon für die Bauecke verabredet, um zusammen einen Turm zu bauen und wir können es gar nicht erwarten, damit anzufangen.“ „Genau“, fügt Anton noch hinzu. „Und deshalb sind wir hier so hereingestürmt. Ich konnte ja nicht ahnen, dass mir genau hier ein Stuhl im Weg stehen würde.“ Frau Großmann schaut die beiden an und zieht dabei die rechte Augenbraue hoch. „Natürlich Anton, das konntest du nicht erahnen?“, sagt sie mit einem fragenden Unterton in der Stimme. „Soweit ich mich erinnere, steht der Tisch mit den Stühlen seit gut zwei Jahren an dieser Stelle.“ Hannes und Anton bekommen ein rotes Gesicht und zupfen mit ihren Fingern an ihren Hosen herum. Das machen sie immer, wenn sie sehr nervös werden. „Aber ich muss euch enttäuschen“, setzt Frau Großmann ihren Satz fort. „Die Bauecke mit den Bauklötzen ist bereits belegt. Max und Sophie sind dort und spielen mit den Bauklötzen.“

Damit haben die beiden Jungen nicht gerechnet und lassen von einem Moment auf den anderen die Köpfe vor Enttäuschung hängen. „Ich schlage also vor, dass ihr erst einmal wieder den umgefallenen Stuhl an seinen Platz stellt und euch anschließend eine andere Beschäftigung sucht.“ „Ja, Frau Großmann“, murmeln die beiden, während Anton den Stuhl wieder an seinen Platz schiebt.

„Was sollen wir denn jetzt spielen?“, fragt Anton seinen Freund frustriert. „Ich habe keine Ahnung“, seufzt Hannes. Beide Jungen lassen sich jeweils auf einen der Stühle plumpsen. Sie sitzen eine ganze Weile so da und schauen mit gesenktem Kopf auf den Tisch. Plötzlich springt Hannes auf. „Ich habe eine Idee!“, ruft er und strahlt dabei über sein ganzes Gesicht. „Wir wollten doch einen Turm bauen, richtig?“, fragt er Anton. „Ja, aber mit den Bauklötzen spielen doch schon Max und Sophie. Hast du das etwa schon wieder vergessen?“, antwortet ihm Anton. „Natürlich nicht“, erwidert Hannes. „Aber wer sagt denn, dass wir nur mit Bauklötzen einen Turm bauen können?“ Anton schaut verdutzt drein. „Wie denn sonst?“, fragt er Hannes und kratzt sich dabei seinen Kopf. „Komm mit, ich erkläre es dir in der Spieleecke.“, antwortet Hannes und macht sich bereits auf den Weg in die Spieleecke. Ihr fragt euch jetzt bestimmt auch schon, wie die beiden ohne die Bauklötze aus der Bauecke einen Turm bauen wollen. Kommt doch einfach einmal mit, dann kann ich es euch zeigen und ihr könnt es auch direkt einmal ausprobieren.

Staffelmeisterschaft

Wo: Außengelände
Dauer: 45–60 Minuten
Gruppengröße: max. 5 Kinder
Material: 2 Fahrgeräte wie z. B. ein Dreirad und ein Tretroller, ein Tennisball, ein Esslöffel, ein Luftballon, ein Kartoffelsack, 5 Markierungshütchen

Anleitung: Auf dem Außengelände der Kita bereitet der Erzieher einen Rundparcours vor. Hierzu wird an fünf Positionen jeweils ein Markierungshütchen platziert. Jedes Markierungshütchen steht für eine Aufgabe: Dreirad fahren, Tretroller fahren, Eierlauf, Luftballon titschen und Sackhüpfen. Der Parcours wird von den Kindern als Staffellauf durchquert. Hierzu sollen die Kinder festlegen, wer von ihnen der Beste in der jeweiligen Disziplin ist. Ziel ist es, den Parcours in kürzester Zeit als Mannschaft zu durchqueren. Gespielt wird in mehreren Runden, in denen die Verteilung der Disziplinen geändert werden kann, um die schnellstmögliche Zeit zu erzielen.

Hinweis: Bei der Festlegung des Rundparcours ist darauf zu achten, dass für das Fahren des Dreirades und des Tretrollers ein geeigneter Untergrund ausgewählt wird. Für das Sackhüpfen eignet sich ein Rasenabschnitt besonders gut. Auf dem Streckenabschnitt für den Eierlauf oder das Luftballon Titschen kann ein kleines Hindernis wie beispielsweise ein Baumstamm eingebaut werden.

Geschichte: Es ist ein sonniger Samstag im Juni. In der Kita Rappelkiste findet heute das alljährliche Familienfest statt. Die Erzieher und die Eltern haben sich wieder viele schöne Dinge einfallen lassen, damit man einen richtig schönen Tag erleben kann. Da gibt es z. B. Dosenwerfen, Kinder und Erwachsene können sich schminken lassen und es gibt einen Tisch für Schokokuss Wettessen. Und weil an so einem Tag mit so vielen Aktivitäten die Besucher in der Regel Hunger bekommen, wird in der Kita Rappelkiste auch gegrillt und es gibt einen Stand mit Kuchen und Waffeln.

Ein ganz besonderer Höhepunkt ist bei dem Familienfest die Staffelmeisterschaft. Hier treten fünf Kinder an um den Rekord von einer Minute und 17 Sekunden zu brechen. So lange haben vor elf Jahren fünf

Kinder gebraucht, um den Parcours, der aus den Disziplinen Dreirad- und Tretrollerfahren, Eierlauf, Luftballon titschen und Sackhüpfen besteht, zu durchqueren.

In diesem Jahr versuchen Jan, Tina, Chris, Lotta und Tom, den Rekord zu brechen. Die fünf haben wochenlang trainiert und überlegt, wer von ihnen in welcher Disziplin am besten ist, damit sie eine Chance haben, den Rekord zu knacken. Und was soll ich euch sagen, es sieht gar nicht mal so schlecht aus für die Fünf. In der gestrigen Generalprobe haben sie es auch schon geschafft, die Zeit von einer Minute und 17 Sekunden zu erreichen. Jetzt müssen sie nur noch ein ganz klein wenig schneller sein und der Rekord gehört ihnen.

Gleich ist es auch schon soweit. Frau Fröhlich, das ist die Kita-Leitung, stellt sich an das Mirkofon, um den Beginn der Staffelmeisterschaft anzukündigen. „Liebe Kinder, liebe Eltern und liebe Freunde der Kita Rappelkiste. Nun ist er gekommen, der Moment, auf den alle schon gewartet haben. In wenigen Augenblicken beginnt unsere alljährliche Staffelmeisterschaft. Heute werden Jan, Tina, Chris, Lotta und Tom versuchen, den elf Jahre alten Rekord zu unterbieten. Die gestrige Generalprobe war bereits sehr vielversprechend und somit können Sie sich auf ein spannendes Rennen freuen. Wie ich sehe, stehen die fünf Teilnehmer bereits an ihren Positionen. Dann kann es auch sofort los gehen. Seid ihr fünf bereit?", fragt Frau Fröhlich die fünf, die konzentriert und auch ein klein wenig nervös an ihren Positionen stehen. Alle fünf Kinder nicken und gehen in Startposition. „Dann kommt nun das Startkommando!", ruft Frau Fröhlich. „Auf die Plätze, fertig, los!"

Jan ist der Erste in der Staffel. Er fährt das Dreirad. Jan tritt kräftig in die Pedale und düst wie ein Blitz über das Kitagelände. Alle Gäste rufen und feuern ihn an, denn auch sie wünschen sich sehr, dass der Rekord gebrochen wird. Es dauert auch nicht lange, bis Jan bei Tina angekommen ist. Tina hat die Disziplin „Eierlauf" und ist unglaublich schnell unterwegs. So schnell ist vermutlich noch niemand zuvor beim Eierlaufen gewesen. Chris steht bereit und wartet auf Tina. Und da ist sie auch schon und Chris startet das Luftballon Titschen. Zum Glück ist es heute windstill, denn Chris muss den Luftballon in seinem Streckenabschnitt immer wieder in die Luft titschen und so die Strecke absolvieren. Aber er macht das super, denn nur noch wenige Schritte trennen ihn von Lotta. Die steht schon auf ihrem Tretroller bereit und düst jetzt los. Lotta ist die schnellste Tretrollerfahrerin, die es jemals in der Kita Rappelkiste gegeben hat. Tja, und deshalb ist es auch kein Wunder, dass sie schon bei Tom angekommen ist. Tom wartet bereits in seinem Kartoffelsack und hüpft sofort los. Er macht so große Sprünge, da würde er vermutlich jedes Känguru locker abhängen. „Los Tom, du schaffst es!", ruft seine Staffelmannschaft hinter ihm her. „Yeah! Super! Spitzenklasse!", rufen alle Besucher des Familienfestes, als Tom die Ziellinie überquert. „Das war ja sensationell!“, ruft Frau Fröhlich in das Mikrofon und hüpft vor Begeisterung auf und ab. „Liebe Kinder, das habt ihr super gemacht! Ich bin stolz auf euch!“ Alle Gäste und natürlich auch Jan, Tina, Chris, Lotta und Tom schauen gespannt zu Frau Fröhlich. Die fünf stehen Arm in Arm im Ziel und warten darauf, ob sie es geschafft haben, den Rekord zu brechen. Was glaubt ihr? Haben die fünf Kinder es geschafft? „Und hiermit verkünde ich, dass der Rekord unserer Staffelmeisterschaft ...!“, aber Moment mal. Ich habe da eine Idee. Wie wäre es denn, wenn ihr auch einmal versucht, den Rekord zu brechen? Lasst uns doch einmal nach draußen gehen und schauen, wie fit ihr als Staffelteam seid.

Tag der Apfelernte

Wo: Außengelände
Dauer: 45–60 Minuten
Gruppengröße: max. 5 Kinder
Material: kleine Nestschaukel, 50 Bälle aus dem Bällebad in 5 verschiedenen Farben, eventuell eine Decke zum Auslegen in der Nestschaukel

Anleitung: Die Erzieherin verteilt die Bälle über das gesamte Außengelände der Kita. Die Kinder erhalten die Aufgabe, pro Kind zehn Bälle in einer zugewiesenen Farbe einzusammeln und in der Nestschaukel abzulegen. Dabei darf immer nur ein Ball nach dem Anderen getragen und abgelegt werden. Die Aufgabe gilt als gelöst, wenn alle 50 Bälle in der Nestschaukel liegen.

Hinweis: Diese Übung könnte von den Kindern als Wettkampf wahrgenommen werden. Hier ist es vor Spielbeginn die Aufgabe der Erzieherin, deutlich zu kommunizieren, dass es nicht darum geht, als Erster seine Bälle in der Nestschaukel abgelegt zu haben. Vielmehr könnte die Erzieherin die Kinder fragen, wie sie sich verhalten könnten, wenn sie selbst alle Bälle gefunden und in der Nestschaukel abgelegt haben. In der Regel kommt dann von den Kindern der Vorschlag, dass sie in diesem Fall ihre Freunde bei der Suche unterstützen könnten.

Geschichte: „Juhu, morgen ist es endlich soweit!“, ruft Julia fröhlich, als sie früh am Morgen die Küche betritt. Ihre Eltern betreiben einen Obsthof, auf dem im Jahresverlauf verschiedenste Obstsorten angepflanzt und geerntet werden. Das geerntete Obst wird dann in dem eigenen Hofladen der Familie verkauft. Morgen ist der erste Tag der Apfelernte. Julia freut sich jedes Jahr wie verrückt darauf, denn Äpfel sind ihr abolutes Lieblingsobst.

„Ich bin mir da noch nicht so sicher", grummelt es hinter der Tageszeitung hervor. Es ist die Stimme von Julias Vater, die zu hören ist. „In der Nacht soll sich das Wetter verschlechtern und in den frühen Morgenstunden soll sogar ein kleiner Sturm aufziehen. So wie es aussieht, wird es dann morgen noch nichts mit der Apfelernte." Julia bleibt enttäuscht stehen. Das kann doch jetzt wohl nicht wahr sein. Muss das blöde Wetter denn ausgerechnet morgen schlechter werden? Seit zwei Wochen scheint die Sonne und nun das. Julia setzt sich an den Frühstückstisch und schmiert sich ein Butterbrot. „Vielleicht haben wir ja Glück", sagt Julias Mutter, die erkannt hat, wie enttäuscht Julia reagiert hat. „Ja, vielleicht", murmelt Julia leise und senkt dabei ihren Kopf.

Der Tag vergeht, ohne dass auch nur ein Wölkchen am Himmel vorbeizieht. Julia, die jede freie Sekunde des Tages zum Himmel schaut, kann sich gar nicht vorstellen, dass sich das Wetter heute noch verschlechtern könnte. Doch zum Abend hin ändert sich ihr Eindruck. Die ersten Wolken ziehen auf und werden immer dichter und dunkler. Kurz bevor Julia schlafen gehen muss, ist es dann soweit. Die ersten Regentropfen plätschern gegen die Fensterscheibe ihres Kinderzimmers. „Oh nein, da kommt der Regen", jammert Julia enttäuscht, während ihre Mutter sie zudeckt und ihr einen Gutenachtkuss auf die Stirn drückt. „Sei nicht traurig, mein kleiner Schatz. Dann ernten wir die Äpfel eben erst einen Tag später", versucht die Mutter, Julia zu trösten. Doch Julia ist so enttäuscht, dass sie die Worte ihrer Mutter nicht wirklich trösten können. Und so schläft Julia wenige Minuten später mit einem traurigen Gefühl im Bauch ein. In der Nacht zieht dann tatsächlich auch noch ein Sturm auf. Julia bekommt von alldem nichts mit, denn sie schläft so tief und fest, dass selbst die Äste, die an ihre Fensterscheibe klopfen, sie nicht aufwecken können.

Am nächsten Morgen wacht Julia erneut früh auf. Sie streckt sich, reibt sich den Schlaf aus ihren Augen und flitzt hinüber zu ihrem Fenster. Als sie hinaus zu den Apfelbäumen blickt traut sie ihren Augen kaum. Überall auf dem Boden liegen Äpfel herum, die bei dem Sturm heruntergefallen sind. „Oh nein!", ruft Julia entsetzt und flitzt hinunter zu ihren Eltern in die Küche. „Du hast es also schon gesehen", stellt Julias Vater mit einem Schnaufen in der Stimme fest. „Der Sturm hat einen Großteil unserer Äpfel herunterfallen lassen. Das heißt für dich, mit in den Bäumen Klettern und Äpfel Pflücken wird es heute nichts. Du musst uns helfen, die ganzen Äpfel aufzusammeln, die am Boden liegen. Je länger sie am Boden liegen, desto größer ist die Gefahr, dass sie faul werden und wir sie nicht mehr verkaufen können." „Muss ich dabei wirklich helfen?", fragt Julia ihren Vater. „Äpfel vom Boden einsammeln macht nun wirklich keinen Spaß." Julias Vater schaut sie mit einem leicht strengen Blick an. Julia weiß genau, was das bedeutet. „Nicht alles im Leben kann immer nur Spaß machen, junges Fräulein", sagt er mit einem bestimmenden Unterton in der Stimme. „Komm jetzt, iss dein Frühstück und dann können wir auch gleich mit dem Äpfelsammeln beginnen."

Julia sitzt an dem Frühstückstisch und kaut ganz langsam auf ihrem Butterbrot herum. In ihrem Kopf überschlagen sich die Gedanken. Was kann sie nur tun, damit das Äpfelsammeln vielleicht doch noch ein klein wenig Spaß macht. Sie grübelt und grübelt und plötzlich hat sie eine Idee. „Mama, darf ich ausnahmsweise einmal kurz telefonieren?" „Wen willst du denn anrufen?", fragt ihre Mutter sie verwundert. „Das wirst du dann sehen. Ich habe eine Idee, die uns beim Äpfelsammeln helfen könnte." „Wenn das so ist, gerne. Wir können jede Hilfe gebrauchen.", antwortet Julias Mutter. Julia springt auf, flitzt zum Telefon und wählt eine Nummer. Sie spricht jedoch so leise, dass man kein Wort von ihrer Idee verstehen kann. Plötzlich legt sie den Hörer wieder auf und wählt erneut eine Nummer. Das ganze macht sie vier mal. „Seltsam", sagt ihr Vater zu seiner Frau. „Was heckt sie denn jetzt wieder aus?" Julias Eltern schauen sich fragend an, aber eine Idee haben sie nicht.

Kurze Zeit später sind Julia und ihre Eltern bereits draußen zwischen den Apfelbäumen und sammeln die ersten Äpfel auf. Die Eltern sind immer noch ein wenig verwirrt, denn sie haben erwartet, dass Julia eher ein langes und trauriges Gesicht ziehen würde. Aber so ist es nicht. „Hallo Julia!", ruft es vom Haus der Familie herüber. „Wo seid ihr?" „Wir sind hier drüben!", ruft Julia zurück, springt auf und winkt in die Richtung, aus der die Stimmen kommen. Und von einer Sekunde auf die andere wird den Eltern klar, warum Julia trotz aller Enttäsuchung immer noch gute Laune hat. Die Telefonanrufe galten ihren Freunden, die sie offensichtlich gebeten hat, sie beim Äpfelsammeln zu unterstützen. „Das war also dein Plan", sagt der Vater zu Julia, die mit einem breiten Grinsen im Gesicht zwischen den Apfelbäumen steht. „Ja, ich dachte, je mehr Hilfe wir haben, desto schneller wird die Arbeit erledigt sein. Und außerdem macht die Arbeit dann auch viel mehr Spaß!"

Da hat Julia gar nicht so unrecht. Julia und ihre vier Freunde sammeln den ganzen Tag Äpfel und nicht einmal ist ein Jammern oder Schnaufen zu hören. Ganz im Gegenteil, die Kinder lachen, erzählen sich lustige Geschichten, während sie sammeln und haben einfach eine gute Zeit. Und wie sich am Ende des Tages heraus stellt, sind sie als Äpfelsammler-Team spitzenklasse. Fast alle Äpfel konnten durch die Unterstützung der Freunde aufgesammelt werden. Wer hätte das am frühen Morgen wohl gedacht? Also ich jedenfalls nicht, und Julia bestimmt auch noch nicht.

Tatü tata, die Feuerwehr ist da!

Wo: Außengelände
Dauer: 45–60 Minuten
Gruppengröße: max. 3 Kinder
Material: ein Klettergerüst mit Feuerwehrstange, ein Trinkbecher mit ca. 200ml, zwei Sandeimer mit ca. 2,5l und ein Eimer mit ca. 5l Fassungsvermögen, ein Seil von mind. 5m Länge

Anleitung: Der Erzieher stellt einen der beiden Sandeimer an einem Ende des Klettergerüstes auf den Boden. Den zweiten Sandeimer stellt er oben auf das andere Ende des Klettergerüsts und knotet das Seil an dem Henkel des Eimers fest. Den Becher platziert er an einer Wasserpumpe oder an einem Wasserschlauch. Der große Eimer wird ca. 10m von dem Klettergerüst entfernt positioniert. Die Kinder verteilen sich nun an den drei Stationen (Trinkbecher, erster Sandeimer, zweiter Sandeimer). Das erste Kind hat nun die Aufgabe, den Trinkbecher mit Wasser zu füllen, mit gefülltem Becher zu dem am Boden stehenden Sandeimer zu gehen und dort das Wasser in den Eimer zu kippen. Dies geschieht so oft, bis der Sandeimer mit Wasser gefüllt ist. Dann nimmt das zweite Kind den Eimer und balanciert mit diesem über das Klettergerüst zu dem zweiten Sandeimer. Dort angekommen, wird das Wasser in den zweiten Sandeimer umgefüllt. Anschließend seilen die zwei Kinder den mit Wasser gefüllten Eimer über ein Geländer des Klettergerüstes ab, bis dieser sicher unten auf dem Boden steht. Nun rutscht das dritte Kind die Feuerwehrstange hinunter, nimmt den mit Wasser gefüllten Eimer und geht damit zu dem großen Eimer. Dort angekommen, wird das Wasser erneut umgefüllt. Jetzt beginnt alles wieder von vorn und wiederholt sich so oft, bis der große Eimer komplett mit Wasser gefüllt ist.

Hinweis: Bei dieser Übung müssen die Kinder vor Spielbeginn gut überlegen, wer von ihnen welche Position übernimmt. Während der Übung sollte der Erzieher immer in der Nähe des Klettergerüstes sein, um sicherzustellen, dass sich die Kinder nicht verletzen. Idealerweise geht er mit über das Klettergerüst. Der an das Seil geknotete Eimer kann entweder von dem Erzieher oder einem Kind, für weitere Wiederholungen, zurück auf das Klettergerüst gebracht werden. Da diese Übung recht anspruchsvoll ist sollte sie erst dann gespielt werden, wenn die Kinder über Vorerfahrungen in solchen Übungen verfügen. Außerdem sollten die Kinder von dem Erzieher darauf hingewiesen werden, dass es bei dieser Übung nicht darum geht, möglichst schnell fertig zu sein. Ziel ist es, den großen Eimer zu füllen, ganz gleich, wie viel Zeit es in Anspruch nehmen wird.

Geschichte: „Tatü tata, die Feuerwehr ist da!“, hallt es über das Außengelände der Kita. Es ist Mats, der draußen über die Wiese flitzt und immer wieder seinen Spruch hinausruft. „Hilfe! Hilfe! Bitte rettet mich!“, tönt es vom Ende der Wiese her. Dort steht Carla auf dem Klettergerüst und wedelt wild mit den Armen. „Halten Sie durch, junges Fräulein!“, ruft Mats ihr zu. „Die Feuerwehr, ihr Freund und Helfer, ist gleich bei Ihnen!“

Kaum hat Mats diese Worte ausgesprochen, da steht plötzlich Felix vor ihm und stellt sich Mats in den Weg. Mats macht ein Geräusch, dass sich wie das Quietschen von Autoreifen anhört und bleibt vor Felix stehen. „Hey, geh mir aus dem Weg!“, ruft er Felix zu, doch dieser bewegt sich keinen Zentimeter zur Seite. „Das ist die Polizei!“, sagt Felix zu Mats mit einem herablassenden Ton in der Stimme. „Bitte was?“, fragt ihn Mats, der keine Ahnung hat, was Felix da gerade von ihm möchte. „Na, dein Spruch von wegen Freund und Helfer, das sagt man über die Polizei und nicht über die Feuerwehr.“ Mats verdreht die Augen. Er kann es nicht besonders gut leiden, wenn Felix einen auf Besserwisser macht und die Kinder der Kita immer wieder belehren möchte. „Ja ja, das weiß ich auch“, antwortet Mats mit genervter Stimme. „Aber hier in unserem Spiel passt es auch und deshalb sage ich, was ich will.“ „Dann spielt ihr aber nicht richtig“, erwidert Felix. „Und außerdem bist du eine langweilige Feuerwehr und Carla, als Fräulein in Gefahr, ist auch nicht gerade spektakulär.“ Langsam wird es Mats zu bunt. „Dann sag doch mal wie du es spielen würdest“, fordert er Felix auf. „Schlau daher quatschen kann ja schließlich jeder!“

Felix überlegt kurz und scheint dann tatsächlich eine Idee zu haben. „Ich würde echtes Wasser mit einbauen und der Weg zu Carla müsste auch irgendwie gefährlich sein.“ Mats hört Felix nun aufmerksam zu. „Ja, und Carla muss nicht unbedingt in Gefahr sein. Sie könnte doch eine Feuerwehrfrau spielen und beim Löschen helfen!“ Mats steht für einen Augenblick ganz still da. „Das hört sich ja prima an!“, ruft er mit einem Male. „Hast du nicht Lust, mit uns mitzuspielen? Deine Idee ist doch super und zu dritt wären wir auch ein richtiges Feuerwehr-Team!“ Felix überlegt nicht lange und grinst Mats an. „Ja, ich würde sehr gerne mit euch mitspielen!“, antwortet er. „Na komm, wir gehen rüber zu Carla und dann kannst du uns deine Idee noch einmal genau erklären.“

Und so stehen die drei Kinder einen kurzen Augenblick später dicht beieinander und Felix erklärt den beiden das spektakulärste Feuerwehrspiel, das die Kita jemals gesehen hat. Du willst jetzt auch wissen, wie der Vorschlag von Felix genau aussieht? Dann komm einfach mit, draußen habe ich schon etwas für euch vorbereitet.

Team Oberkellner

Wo: Sandkasten auf dem Außengelände
Dauer: 45–60 Minuten
Gruppengröße: max. 10 Kinder
Material: ein Frisbee, ein mit Wasser gefüllter Trinkbecher, 2 Markierungskegel

Anleitung: Die Erzieherin steckt mit den beiden Markierungskegeln eine Strecke von ca. 20m ab. An einem der beiden Kegel versammeln sich die Kinder und bekommen die Aufgabe erklärt: Sie sollen einen mit Wasser gefüllten Trinkbecher, der auf der Innenseite des Freisbee steht, zu dem zweiten Markierungskegel transportieren, ohne dass der Trinkbecher herunterfällt oder Wasser überschwappt. Hierzu stellen sich die Kinder in einer Reihe nebeneinander auf. Die Erzieherin übergibt dem ersten Kind den Frisbee und stellt dann den gefüllten Trinkbecher darauf. Nun übergibt das erste Kind den Frisbee vorsichtig an das zweite Kind, das zweite Kind an das dritte Kind und immer so weiter. Sobald ein Kind den Frisbee an das nächste Kind übergeben hat, geht es an das Ende der Schlange, stellt sich dort wieder an und übernimmt den Frisbee erneut, wenn dieser bei ihm ankommt. Diese Vorgänge wiederholen sich so lange, bis die Kinder den zweiten Markierungskegel erreicht haben. Sollte der Becher zwischendurch herunterfallen oder Wasser verschüttet werden, so beginnt die Aufgabe von vorn.

Hinweis: Diese Übung kann sehr leicht in ihrem Schwierigkeitsgrad verändert werden. Ist die Gruppe noch nicht so erfahren, kann man den Becher mit weniger Wasser füllen, einen Becher mit einer größeren Standfläche benutzen oder eine absolut gerade Strecke für den Transport auswählen. Die umgekehrte Vorgehensweise (d.h. den Becher mit viel Wasser füllen, einen Becher mit kleiner Standfläche benutzen oder eine kurvige/unebene Strecke auswählen) erhöht den Schwierigkeitsgrad der Übung. Sollten die Kinder öfter von vorn beginnen müssen und dabei zu großer Frust aufkommen, so kann die Frisbee mit dem Becher nur drei oder fünf Kinder zurückgereicht werden, anstatt komplett von vorn zu beginnen.

Geschichte: Heute ist ein ganz besonderer Tag in unserer Stadt, denn heute findet die jährliche Stadtmeisterschaft der Oberkellner statt. Wie bitte? Du hast noch nie von dieser Meisterschaft gehört? Und was ein Oberkellner ist, weißt du auch nicht? Also, ein Oberkellner ist einer dieser netten Menschen, die in einem Restaurant arbeiten und dir als Gast deine Getränke und dein Essen an den Tisch bringen. Und die besten Oberkellner der

Stadt treffen sich einmal im Jahr, um herauszufinden, wer von ihnen der allerbeste Oberkellner ist.

Bei so einer Stadtmeisterschaft gibt es verschiedene Disziplinen. Da wäre beispielsweise das Tischdecken auf Zeit, dann das Getränkewettzapfen und ein Hindernissparcours im Essen Servieren. Im letzten Jahr sind so enige witzige Pannen passiert. Z.B. hat ein Oberkellner beim Zapfen eines Glases Cola den Hahn zu schnell gezogen, sodass ihm ein riesiger Strahl Cola direkt ins Gesicht gezischt ist. Ein anderer Oberkellner ist beim Hindernissparcours mit seinem Fuß an einem Stuhl hängen geblieben, wobei sein Teller mit Spaghetti und Tomatensauce im hohen Bogen durch den Raum geflogen und mitten auf dem Kopf eines Preisrichters gelandet ist.

Bei der Stadtmeisterschaft gibt es auch einen Mannschaftswettbewerb, die Tablett-Staffel. Auf einem Tablett, dass ist so eine Art Teller, auf dem die Getränke zu den Gästen transportiert werden, steht ein volles Glas Wasser. Das Tablett muss dann über eine bestimmte Strecke so schnell wie möglich von einem Kellner an den nächsten übergeben werden. Dabei darf das Glas nicht umkippen und auch kein Tropfen Wasser darf verschüttet werden. Ich kann euch sagen, im letzten Jahr war das richtig spannend. Die Gewinner waren nur eine Sekunde schneller als die Zweitplatzierten. Aber das Beste bei dieser Meisterschaft ist, dass alle Teilnehmer richtig viel Spaß haben. Wisst ihr was? Ich habe da eine Idee. Wir könnten die Tablett-Staffel doch einmal selbst nachspielen! So bekommt ihr einen Eindruck davon, wie schwer die Aufgabe ist und wieviel Spaß sie gleichzeitig macht. Wie sieht es aus, seid ihr dabei?

Überquerung des wilden Flusses

Wo: Bewegungsraum oder Außengelände
Dauer: 45–60 Minuten
Gruppengröße: max. 10 Kinder
Material: Balanciersteine, Teppichfliesen oder Sitzkissen mit Rutschsicherung

Anleitung: Der Erzieher legt in dem Bewegungsraum einen Balancierpfad mit Balanciersteinen oder alternativem Material aus. Dabei ist darauf zu achten, dass die Steine leicht versetzt gelegt werden und der Abstand zwischen den einzelnen Steinen der Schrittlänge der Kinder entspricht. An jedem Ende des Balancierpfad stellen sich nun fünf Kinder auf. Jeweils das erste Kind auf jeder Seite beginnt nun, über den Pfad zu balancieren, um auf die andere Seite zu gelangen. Irgendwann auf dem Pfad treffen sich die beiden Kinder und müssen aneinander vorbei kommen, ohne dabei das Gleichgewicht zu verlieren und den Boden zu berühren. Geschieht dies doch, müssen die zwei Kinder zurück zu ihrer Ausgangsgruppe, stellen sich hinten an und versuchen es später erneut.

Hinweis: Wenn die Gruppe sehr fit ist und die Aufgabe zügig meistert, kann der Schwierigkeitsgrad gesteigert werden, indem auf jeder Seite zwei Kinder gleichzeitig starten. Alternativ können anstelle der Balanciersteine auch kleine Teppichfliesen benutzt werden. Diese Variante senkt allerdings den Schwierigkeitsgrad der Übung.

Geschichte: „Hallo! Wie geht es euch heute?" „Uns geht es gut! Und wie geht es euch?" „Uns geht es auch gut! Danke der Nachfrage!" Ihr wundert euch gerade, wer sich da so laut zuruft? Ich erkläre es euch. Es sind jeweils fünf Kinder, die auf gegenüberliegenden Seiten eines wilden Flusses in ihren kleinen Dörfern wohnen. Leider gibt es in der Nähe der Dörfer keine Brücke, sodass die Kinder sich nicht treffen können, um gemeinsam zu spielen. Das ist natürlich total schade, denn eigentlich finden beide Fünfergruppen die jeweils andern fünf Kinder total sympathisch.

„Was habt ihr denn heute so vor?", ruft ein Junge von der rechten Uferseite hinüber zu den anderen Kindern. „Das wissen wir noch nicht. Und was habt ihr für Pläne?", ruft ein Mädchen von der linken Uferseite zurück. „Wir haben auch noch keine Pläne. Zu blöd, dass wir nicht zusammen spielen können. Gemeinsam würde uns bestimmt etwas Spannendes einfallen." Auf beiden Uferseiten stehen jetzt jeweils fünf Kinder und ziehen ein langes, trauriges Gesicht. Die Kinder stehen noch einen Moment lang ohne ein Wort zu sagen einfach so am Ufer des wilden Flusses. „Also dann, macht's gut!", ruft der Junge vom rechten Flussufer. „Bis bald!", ruft das Mädchen vom linken Flussufer zurück. Dann drehen sich alle Kinder um und machen sich auf den Weg zurück in ihre Dörfer.

„Stopp!", ruft der kleinste Junge vom rechten Flussufer. Er ruft so laut, dass alle Kinder wie versteinert stehen bleiben. Einige erschrecken sich sogar richtig heftig. „Ich habe eine Idee, wie wir endlich miteinander spielen können!" „Wie soll das denn funktionieren?", ruft das Mädchen von der linken Flussseite fragend herüber. „Hier liegen doch überall große Steine herum. Wir können die doch einfach sammeln, in den Fluss schmeißen und so einen Weg auf die andere Seite bauen." Auf beiden Seiten des Flusses verwandeln sich die traurigen Gesichter der Kinder nun in fröhliche Gesichter. „Das könnte funktionieren!", ruft das Mädchen von der linken Uferseite mit aufgeregter Stimme. „Bei uns liegen auch Unmengen an Steinen herum. Wenn wir die auch alle in den Fluss werfen, kommen wir euch auf halber Strecke entgegen. Das spart Zeit und je schneller wir sind, umso eher können wir gemeinsam spielen!" „Dann mal los!", ruft der kleine Junge auf der rechten Uferseite und alle Kinder beginnen, die großen Steine zu sammeln und in den Fluss zu schmeißen.

Abb. 11: Die Kinder überqueren den wilden Fluss

Es dauert auch gar nicht so lange, bis auf beiden Seiten des Flusses erste Wegflächen aus großen Steinen im Fluss zu erkennen sind. Nach knapp einer Stunde ist es vollbracht. In der Mitte des Flusses treffen sich der kleine Junge vom rechten Flussufer und das Mädchen vom linken Flussufer und reichen sich die Hände. „Freut mich, dich kennenzulernen!", sagt das Mädchen vom linken Flussufer. „Die Freude ist ganz meinerseits.", erwidert der kleine Junge vom rechten Flussufer. Die beiden gehen vorsichtig aneinander vorbei und weiter in Richtung des unbekannten Flussufers. Auf dem Weg dorthin begegnen sie den anderen vier Kindern der jeweils unbekannten Flussufer. Und jedes Mal geben sie sich die Hand und stellen sich gegenseitig vor.

Nach ein paar Minuten stehen die fünf Kinder des rechten Flussufers nun auf der linken Seite des Flusses und die fünf Kinder des linken Flussufers auf der rechten Seite. „Moment mal!", ruft das Mädchen von der linken Flussseite, das nun auf der rechten Seite des Flusses steht. „Ich glaube, wir haben ein kleines Problem!", ruft sie noch zur anderen Seite, bevor alle zehn Kinder lautstark zu lachen beginnen. Ihr fragt euch, warum? Ganz einfach, denn jetzt stehen wieder jeweils fünf Kinder auf jeder Seite des Flusses und eigentlich wollten sich die Kinder doch auf einer Seite treffen um gemeinsam zu spielen. „Bleibt einfach, wo ihr seid!“, ruft nun der kleine Junge hinüber. „Wir kommen zurück auf unsere Seite. Dann können wir heute auf unserer Seite spielen und morgen spielen wir dann auf eurer Seite. „Das ist eine super Idee!“, ruft das Mädchen zurück. Und so dauert es nicht lange, bis die fünf Kinder wieder zurück zur rechten Flussseite gewandert sind und nun endlich alle zehn Kinder miteinander spielen können. Und was soll ich euch sagen, die zehn Kinder haben richtig viel Spaß gemeinsam. Ich bin mir sicher, dass sie sich ab heute regelmäßig zum Spielen treffen werden und nie wieder Langweile auf einer Seite des wilden Flusses herrschen wird.

Umzugstag

Wo: Außengelände der Kita
Dauer: 45–60 Minuten
Gruppengröße: max. 10 Kinder
Material: Teppichfliesen, 2 Seile von mindestens 8m Länge, verschiedene Gegenstände wie leere Pappkartons, Bälle, Eimer, Schippen, Seile, Besen, et cetera

Anleitung: Der Erzieher bereitet auf dem Außengelände das Spielfeld für diese Übung vor. Hierzu markiert er mit den zwei langen Seilen einen Startbereich und einen Zielbereich, die mindestens 10m voneinander entfernt sein sollten. Im Startbereich werden die gesamten Materialien verteilt. Im Zwischenbereich legt er die Teppichfliesen aus. Diese sollten jeweils so weit voneinander entfernt sein, dass die Kinder bequem von einer Teppichfliese zur nächsten gehen können. Die Aufgabe der Kinder ist es, alle Materialien von der Startseite über die Teppichfliesen zur Zielseite zu transportieren. Dabei dürfen die Kinder nur die Teppichfliesen berühren und die Materialien dürfen nicht auf den Boden fallen. Geschieht dies doch, beginnt die Aufgabe von Neuem.

Hinweis: Bei dieser Übung kann der Erzieher die Vorgabe machen, dass bestimmte Gegenstände, die etwas größer und dafür geeignet sind, von zwei Kindern über die Teppichfliesen getragen werden müssen.

Geschichte: Heute ist es soweit: Die Kita Flusspiraten zieht in ein neues Gebäude um. Normalerweise wäre das nichts Besonderes, worüber man sich lange unterhalten müsste. Doch dieser Umzug unterscheidet sich schon von einem gewöhnlichen Umzug. Die Kita Flusspiraten zieht nämlich von einer Seite des Flusses, an dem sie steht, auf die andere Seite des

Flusses. Jetzt fragt ihr euch bestimmt, warum die Kita umziehen muss, wenn sie nur auf die andere Seite des Flusses umzieht. Nun, es besuchen immer mehr Kinder die Kita Flusspiraten und sowohl das Kitagebäude als auch das Außengelände sind mittlerweile viel zu klein für die vielen Kinder. Und leider ist das Grundstück, auf der sie jetzt noch steht, zu klein, um dort noch ein neues Gebäude zu bauen. Also hat man sich dazu entschlossen, auf dem großen, freien Grundstück auf der anderen Seite des Flusses eine neue Kita für die Flusspiraten zu bauen.

In den letzten Wochen haben alle Erzieherinnen mit Hilfe der Eltern und Kinder alle Spielsachen und Materialien der Kita in Kartons verpackt. Nur ein paar kleinere Gegenstände wie zum Beispiel Bälle und Schippen sind übrig geblieben und nicht in Kartons verpackt worden. Diese Gegenstände wollen die kleinen Flusspiraten selbst rüber in die neue Kita bringen. Sie freuen sich auch schon total darauf, endlich loszulegen, denn sie werden die Gegenstände direkt über den Fluss tragen und nicht auf einem Umweg über die Straße und Brücke. Wie das funktionieren soll? Ganz einfach, in dem Fluss, der nicht besonders tief ist, liegen ganz große Steine, die aus dem Wasser herausragen. Über diese Steine wollen die Kinder ihre Spielsachen und auch ein paar Kisten hinübertragen. Ich denke, das wird eine ganz schön spannende Aktion, die den Kindern aber bestimmt auch ganz viel Spaß machen wird. Wenn ihr wollt, können wir aus der Umzugsidee der kleinen Flusspiraten ein Spiel erfinden. Ich habe da auch schon eine Idee, wie das funktionieren kann. Kommt mit, ich zeige euch, was ich mir ausgedacht habe.

Wenn die Steine tanzen gehen

Wo: Außengelände
Dauer: 45–60 Minuten
Gruppengröße: max. 10 Kinder
Material: eine Tellerschaukel, pro Kind ein Stein, alternativ das Spiel „Hochstapler“

Anleitung: Die Kinder erhalten von dem Erzieher die Aufgabe pro Kind einen Stein auf der Sitzfläche einer Tellerschaukel abzulegen. Dabei müssen die Kinder darauf achten, die Steine so zu platzieren, dass sich die Tellerschaukel ausbalanciert und kein Stein herunter fällt. Gelingt dies den Kindern nicht und ein Stein fällt herunter, so beginnt die Aufgabe von vorne.

Hinweis: Auf den ersten Blick erscheint den Kindern die Aufgabe leichter, als sie ist. Nicht jedes Kind weiß bereits, was passiert, wenn alle Steine auf einer Seite einer Tellerschaukel abgelegt werden. In der Regel befindet sich jedoch in jeder Gruppe ein Kind, das bereits über diese Kenntnisse verfügt und seiner Gruppe entsprechende Hinweise geben kann. Ist dies nicht der Fall, muss diese Hilfestellung durch den Erzieher erfolgen.

Abb. 12: Die Steine werden auf der Tanzfläche platziert

Geschichte: Jeden Samstagabend, wenn deine Kita geschlossen hat, du schon längst im Bett liegst und ganz tief schläfst, treffen sich die Steine deiner Kita, um gemeinsam tanzen zu gehen. Da brauchst du gar nicht so verdutzt zu schauen. Steine sind ganz tolle Tänzer. Sie lieben es zu tanzen und daher treffen sie sich regelmäßig, um gemeinsam eine flotte Sohle aufs Parkett zu legen.

Letzten Samstag bin ich ganz zufällig an eurem Kitazaun vorbei gegangen und habe beobachtet, wie so eine Tanzparty bei den Steinen aussieht. Ich kann euch sagen, da geht ganz schön die Post ab, wenn sich Steine zum Tanzen treffen. Von Brock'n'Roll über Kies-Cha-Cha bis hin zum Felsplattler ist dann alles vertreten. Die Stimmung ist einfach grandios.

Eine Sache ist mir allerdings aufgefallen. Die Steine gehören zu den sogenannten Rudeltänzern. Rudeltänzer tanzen niemals alleine, sondern immer nur in einer großen Gruppe und ganz geknubbelt an einem Fleck. Das sieht schon etwas seltsam aus, wenn ein Haufen Steine eng geknubbelt auf einer Seite der Tanzfläche wie verrückt tanzt und auf der anderen Seite der Tanzfläche gähnende Leere herrscht. Außerdem hat es noch einen großen Nachteil, wenn sich alle Steine auf nur einer Seite der Tanzfläche aufhalten: Weil Steine je nach Größe nicht gerade leicht sind, wird das Gewicht auf der Seite, auf der getanzt wird im Laufe einer Party immer schwerer und schwerer, bis irgendwann die ganze Tanzfläche schief wird. Weißt du, was passiert, wenn Steine versuchen, auf einer schiefen Tanzfläche zu tanzen? Richtig, irgendwann rutschen sie herunter. Und wenn das passiert, ist es schnell vorbei mit der guten Stimmung bei den Steinen und sie verlieren sofort die Lust weiter zu tanzen.

Abb. 13: Hier wird das Spiel „Hochstapler" als Alternative genutzt

Leider, aber das muss unser Geheimnis bleiben, gehören Steine nicht gerade zu den schlauesten Köpfen. Deshalb haben sie bis heute auch noch absolut keine Idee entwickelt, was sie tun können, um das Heruntefallen von der Tanzfläche zu verhindern. Moment einmal, ich habe da eine Idee. Warum helfen wir nicht den Steinen bei Ihrem Problem? Kommt, ich zeige euch einmal, wo sich die Steine in eurer Kita zum Tanz treffen. Ich bin mir sicher, gemeinsam könnt ihr den Steinen garantiert helfen.

Wüstenrallye

Wo: Sandkasten auf dem Außengelände
Dauer: 45–60 Minuten
Gruppengröße: max. 10 Kinder
Material: mehrere Schippen und Eimer, eine Kugel mit ca. 35mm Durchmesser, 2 Markierungshütchen

Anleitung: Die Gruppe und die Erzieherin treffen sich in der Nähe des Sandkastens auf dem Außengelände. Dort hat die Erzieherin bereits zwei Markierungshütchen für den Start und das Ziel einer Kugelbahn positioniert. Nun erhalten die Kinder die Aufgabe, in den Sandkasten eine Kugelbahn zu bauen. Wie diese gestaltet wird, bleibt den Kindern überlassen. Die einzige Vorgabe lautet, dass zwei deutlich erkennbare Kurven in ihre Bahn integriert sein müssen. Die Aufgabe gilt als gelöst, wenn die Kugel im fertigen Zustand der Kugelbahn von Start bis Ziel durchrollt und unterwegs nicht liegen bleibt.

Hinweis: Diese Aufgabe ist bei den Kindern in der Regel sehr beliebt. Als zusätzliche Aufgabe zu dem eigentlichen Bauen kann von der Erzieherin die Vorgabe gesetzt werden, dass die Kugelbahn von den Kindern noch optisch ansprechend gestaltet werden muss. Hierzu können die Kinder mit Sandförmchen arbeiten oder sie dekorieren die Bahn mit Naturmaterialien, die sie auf dem Gelände der Kindertgesstätte finden können. Bei fitten Grupppen kann auch eine Zeitvorgabe für das Bauen angesetzt werden.

Geschichte: Matti und David sitzen auf einer Bank in ihrer Kita-Gruppe. Heute ist Spielzeugtag. Das bedeutet, jedes Kind darf sein Lieblingsspielzeug von zu Hause mitbringen, es den anderen Kindern vorstellen und natürlich auch den ganzen Tag damit spielen. Matti hat seine Sammelkarten der schnellsten Sportwagen mitgebracht. Er ist ein totaler Autofan und liebt schnelle Sportwagen über alles. David hat seinen Wüstenrallyewagen dabei. Auch er ist ein großer Sportwagen-Fan, begeistert sich aber noch mehr für Rennwagen, die Geländerallyes fahren.

„Hast du gestern gesehen, wie schnell die Formel 1 Rennwagen über den Hockenheimring gerast sind?“, fragt Matti seinen Freund. „Ja, hab ich. Das war mal wieder ganz schön spannend“, antwortet David. „Aber weißt du, was noch viel spannender ist?“, fragt nun David seinen Freund Matti. „Nein, was denn?“, entgegnet dieser. „Ich habe gestern eine Zusammenfassung der letzten Wüstenrallye in Afrika gesehen. Da sind die Rennfahrer mit ihren Geländewagen fast 300 Kilometer durch die Wüste gefahren und einige sind sogar mit ihren Wagen liegen geblieben.“

Matti hört sich die Erzählung seines Freundes geduldig an. So richtig nachvollziehen kann er Davids Begeisterung jedoch nicht. Er findet Autorallyes nicht so wirklich spannend. „Dann sind die Fahrer wohl nicht wirklich gut, wenn sie mit ihren Wagen unterwegs liegen bleiben“, antwortet er, nachdem David zu Ende erzählt hat. „Nicht wirklich gut?“, wiederholt David daraufhin mit entsetzter Stimme. „Weißt du eigentlich, wie schwierig es ist, ein Fahrzeug durch die Wüste zu steuern?“ Matti schaut erschrocken drein. Mit so einer heftigen Reaktion seines Freundes hat er absolut nicht gerechnet. „Das kann ja nicht wirklich schwieriger sein, als einen Rennwagen über die Formel 1 Strecke zu steuern.“, erwidert Matti. David schüttelt verzweifelt seinen Kopf. „Ich glaub das einfach nicht. Du hast echt keine Ahnung!“, wirft er Matti vor. „Ach so?“, antwortet Matti wie aus der Pistole geschossen. „Dann beweis mir doch mal, dass du Recht hast. Was ist denn so schwer daran, mit einem Rallyefahrzeug durch den Sand zu fahren?“
David beginnt nachzudenken. Wie kann er seinem Freund zeigen, dass man beim Fahren im Sand mit erheblichen Schwierigkeiten rechnen muss. Nach einem kurzen Moment hat David eine Idee. „Hast du schon einmal eine Kugelbahn gebaut?“, fragt er Matti. „Aber klar doch!“, antwortet Matti. „Das ist doch ein Kinderspiel!“ „Aber hast du auch schon einmal eine Kugelbahn im Sand gebaut? Ich wette, wenn wir nach draußen gehen und im Sandkasten eine bauen würden, dann würdest du schon merken, dass es gar nicht so leicht ist, eine Kugel im Sand rollen zu lassen. Und so ähnlich ist es dann nämlich auch mit einem Rallyewagen, nur eben in deutlich größer.“ Matti überlegt einen Moment. Im Sandkasten hat er tatsächlich noch keine Kugelbahn gebaut. Und wenn er ehrlich ist, glaubt er schon, dass Davids Vorschlag beweisen kann, wer von den beiden recht hat. „Also gut!“, antwortet er. „Dann lass uns doch direkt beginnen. Wir werden dann ja sehen, wer von uns beiden recht behält.“

Also gehen die beiden raus zu dem Sandkasten und beginnen damit, eine Kugelbahn zu bauen. Doch bevor ich euch nun einfach nur erzähle, wie die beiden dies gemacht haben, lade ich euch dazu ein, selbst einmal eine Kugelbahn im Sand zu bauen. Und wie ich euch kenne, habt ihr auf diese Herausforderung doch bestimmt Lust, oder etwa nicht?

Zu Besuch bei Familie Rabe

Wo: Nestschaukel auf dem Außengelände
Dauer: 45–60 Minuten
Gruppengröße: max. 10 Kinder
Material: kein Material

Anleitung: Die Aufgabe für die Kinder besteht darin, dass sich alle Kinder einen Platz auf der Nestschaukel suchen und letztendlich kein Kind mit den Füßen den Boden berührt. Erst wenn dies erreicht ist, gilt die Aufgabe als gelöst.

Hinweis: Beim Besteigen der Nestschaukel hat der Erzieher darauf zu achten, dass die Nestschaukel von den Kindern nicht „gestürmt" wird. Dies ist in besonderem Maße von Bedeutung, wenn die Nestschaukel nicht unmittelbar über dem Boden hängt sondern auf einer Höhe von 60cm bis 80cm. Bei sehr fitten Kindern kann die Aufgabe erweitert werden, indem sie zusätzlich noch einen Ball pro Kind mit auf die Nestschaukel nehmen müssen. Dieser Ball darf dann natürlich nicht aus dem Nest heraus fallen.

Geschichte: Heute erzähle ich euch von meinem Besuch bei der Familie Rabe. Gegenüber von meinem zu Hause ist eine große grüne Wiese mit einem riesigen Baum. Auf diesem Baum wohnt die Familie Rabe und zwar auf dem Ast Nummer 10. Für die Familie Rabe ist die Zahl Zehn so etwas wie eine Glückszahl, denn ihre Familie besteht aus genau zehn Familienmitgliedern. Da wären natürlich Mama und Papa Rabe, die Töchter Clara, Frida, Greta und Lucie Rabe sowie die Söhne Aaron, Jakob, Moritz und Yannik Rabe. Und weil die Familie Rabe eben aus genau zehn Familienmitgliedern besteht, haben sie sich vor einiger Zeit den Ast Nummer 10 als ihr zu Hause ausgesucht.

Das zu Hause der Familie Rabe ist nicht besonders groß. Wenn man es genau nimmt, besteht ihre Wohnung aus nur einem einzigen Zimmer. Dieses Zimmer ist Wohnzimmer, Küche, Schlafzimmer, Kinderzimmer und Badezimmer in einem. Obwohl, wenn man es genau nimmt, badet die Familie Rabe nicht in ihrem zu Hause. Wenn sie sich waschen oder baden wollen, fliegen sie zu einem Teich hinter dem Wald oder sie suchen sich eine Badeschale in einem der Gärten in der Nachbarschaft. Ansonsten jedoch findet ihr gesamtes Familienleben in diesem einzigen Zimmer statt.

Als ich zu Besuch bei Familie Rabe war, haben wir als erstes in dem Zimmer Kaffee getrunken und Kuchen gegessen. Das war gar nicht so einfach, denn wenn zehn Raben und ein Gast in nur einem Zimmer Kaffee trinken und Kuchen essen wollen, ist das schon ganz schön eng. Will man einen Schluck Kaffee trinken oder etwas von dem Kuchen essen, muss man immer aufpassen, ob der Nachbar gerade auch einen Schluck trinken oder einen Happen essen möchte. Am besten funktioniert es, wenn man sich abwechselt und nicht alle gleichzeitig trinken oder essen wollen. Dann stößt man auch nicht mit den Ellebogen aneinander und weder Kaffee noch Kuchen landen auf dem Boden.

Nach dem Kaffee trinken und Kuchen essen haben wir eine Runde „Rabe ärgere dich nicht“ gespielt. Aber auch das war nicht wirklich einfach in der Einzimmerwohnung von Familie Rabe. Als zum Beispiel Jakob Rabe mit Würfeln an der Reihe war, hat er immer aufpassen müssen, dass er Frida Rabe nicht den Würfel aus Versehen auf den Schnabel wirft. Das ist nämlich früher schon einmal passiert und Frida Rabe musste drei Tage mit einem Pflaster auf dem Schnabel durch die Lüfte fliegen.

Ich könnte euch noch so einige Beispiele aufzählen, die euch zeigen würden, mit welchen Schwierigkeiten es die Familie Rabe in ihrer Einzimmerwohnung auf dem Ast Nummer 10 zu tun hat. Aber was soll ich euch sagen, die Familie Rabe meistert jede Schwierigkeit, die auf sie zukommt. Denn egal was passiert, die Familie Rabe hält immer fest zusammen. Sie unterstützen sich einfach bei allem, was passiert und sind immer füreinander da. Da ist es also kein Wunder, dass sie sich rundum wohl fühlen in ihrem zu Hause auf dem Ast Nummer 10 in dem Baum auf der grünen Wiese gegenüber von meinem zu Hause.

Literatur

Bazenova, M. (2020): Sozialkompetenz: Definition und Beispiele. In: https://www.staufenbiel.ch/magazin/joballtag/beispiele.htm, 29.09.2020

Frech, V. (2008): „Erkennen, fühlen, benennen ...“. Grundlagen der emotionalen Entwicklung im frühen Kindesalter. In: Textor, M.R., Bostelmann, A. (Hrsg.): Das Kita-Handbuch. https://www.kindergartenpaedagogik.de/fachartikel/psychologie/1944, 26.09.2020

Höhl, S., Weigelt, S. (2015): Entwicklung in der Kindheit (4–6 Jahre). Ernst Reinhardt, München

Kunz, T., Gutsche, E. (2007): Kindergärten bewegungsfreundlich und sicher gestalten. In: Textor, M.R., Bostelmann, A. (Hrsg.): Das Kita-Handbuch. https://www.kindergartenpaedagogik.de/fachartikel/raumgestaltung/grundsaetzliches/1555, 29.09.2020

Meyer, C. (2014): Gestaltung des Aussengeländes. In: https://www.kita-fachtexte.de/fileadmin/Redaktion/Publikationen/KiTaFT_Meyer_2014.pdf, 29.09.2020

Runde, B. (2017): Soziale Kompetenz. In: Wirtz, M.A. (Hrsg.): Dorsch – Lexikon der Psychologie. 18. überarb. Aufl. Hogrefe, Bern, 1578

Schäfers, B., Lehmann, B. (2006): Gruppe. In: Schäfers, B., Kopp, J. (Hg): Grundbegriffe der Soziologie. VS Verlag, Wiesbaden, 99–102

Senatsverwaltung für Bildung, Jugend und Familie (2005): Gesetz zur Förderung von Kindern in Tageseinrichtungen und Kindertagespflege (Kindertagesförderungsgesetz – KitaFöG). In: http://gesetze.berlin.de/jportal/?quelle=jlink&query=KitaRefG%20BE&psml=bsbeprod.psml&max=true&aiz=true#jlr-KitaRefGBEV3P1, 03.11.2020

Stuber-Bartmann, S. (2018): Besser lernen. Ein Praxisbuch zur Förderung von Selbstregulation und exekutiven Funktionen in der Grundschule. Ernst Reinhardt, München

Weber, M. (2019): Erlebnispädagogik in der Grundschule. 89 Aktionen und Spiele. 2. Aufl. Ernst Reinhardt, München

Spieleverzeichnis

Aqua Doodle. Ravensburger. EAN: 4005556045419. (Die geheimen Bilder). www.ravensburger.de. Zugriff am 29.09.2020

Hochstapler. Bätz Holzspielwaren. Artikelnummer 180164. (Wenn die Steine tanzen gehen). www.hermann-baetz.de. Zugriff am 29.09.2020

Makemaki. Brainbowtoys. Artikelnummer MKMK0-001. (Alarm in der Sushi-Fabrik). www.brainbowtoys.de. Zugriff am 29.09.2020

Packesel. Schmidt Spiele. EAN: 4001504512354. (Der kleine Esel Huckepack). www.schmidtspiele-shop.de. Zugriff am 29.09.2020

Ratz-Fatz in Bewegung. Haba. Artikelnummer 004668. (Bald bist du ein Grundschulkind). www.haba.de. Zugriff am 29.09.2020

Wackelmauer. Small Foot. Artikelnuummer 4746. (Das Huhn auf der Mauer). www.small-foot.de. Zugriff am 29.09.2020